BASIC READINGS

BARBARA L. LYONS

HOLT, RINEHART AND WINSTON

New York   San Francisco   Toronto   London

PERMISSIONS

We wish to thank the authors, publishers, and holders of copyright
for their permission to use the reading materials in this book.

Eugène Ionesco, "Agence de voyages" from *Exercices de conver-
sation et de diction françaises pour étudiants américains*, THÉÂTRE
V, Éditions Gallimard, by permission of the publisher. (BE)
Ulysse Pierre-Louis, "Le Partage de morts entre le bon Dieu et Lucifer,"
from *Sortilèges afro-haïtiens*, by permission of the author. (BE)
Jules Romains, "Knock, ou le triomphe de la médecine", Éditions
Gallimard, by permission of the publisher. (BE)
Camara Laye, "L'Enfant noir", Librairie Plon, by permission of the
publisher. (BJ)

Portions of this reader first appeared *Débuts littéraires* by Phyllis
Robinove Block and *Débuts culturels* by Jeannette Bragger and Robert
P. Shupp both © Holt, Rinehart and Winston

Library of Congress Cataloging in Publication Data

Main entry under title:

Basic Readings
    1. French language--Readers. I. Holt, Rinehart
and Winston, Inc.
PC: 2117.B296   448'.6'421   77-28206
ISBN: 0-03-043616-X

Contents

Preface

Basic Readings is a supplementary reader designed to be used in conjunction with *Départs* by Barbara L. Lyons, but it may also be used with any other introductory French course. The purpose of this text is to provide material to develop reading skills in a meaningful context at the very early stages of language learning. We recommend that the students begin to use the reader after lesson ten of *Départs*.

Basic Readings introduces the students to the culture, traditions and literature of France and the French-speaking world. These are not reading selections contrived to illustrate specific points of grammar, but rather a collection of literary selections, by outstanding French and French-speaking writers, and cultural essays arranged in order of increasing difficulty and accompanied by marginal glosses and explanations. The terms translated or explained by the marginal glosses are indicated by the symbol °. The aim is to expose students, as soon as possible, to French as it is spoken and written by the native speakers. A Glossary of Literary and Cultural Terms provides the student with explanations of the terms found in the readings. These terms are identified by the symbol △. Most selections are short, thus enabling the students to read through the selection once quickly for an overview and a second time for detail. Some of the literary selections have been abridged to put them within the grasp of first-year students. A complete French-English vocabulary appears at the end of the book.

The exercises which accompany each reading selection have been designed to help build reading skills and to increase the student's vocabulary. There are three basic types of exercises: 1) comprehension questions based on the contents of the selections; 2) exercises for vocabulary building based on a list of high frequency terms and idiomatic expressions; and 3) a section entitled *Votre point de vue* which allows the students to express their own opinions on a given topic.

1

VOCABULAIRE À ÉTUDIER

l' **étape** (f)   *stage, leg of a race*
le **vélo**   *bicycle*
la **course**   *race*
   formidable   *tremendous*
le **coureur**   *racer*
l' **est** (m)   *East*
   emmener   *to bring*
le **nord**   *North*
la **frontière**   border
   jusqu'à   *to, all the way to*
la **montagne**   *mountain*
   réussir   *to succeed*
   rouler   *to drive (on wheels), to roll along*
le **sud**   *South*
l' **ouest** (m)   *West*
   gagné par   *won by*
   dur(e)   *hard*
la **pente**   *slope*
   triste   *sad*
le **point de départ**   *starting point*

l' **arrivée** *finishing line*
le **cœur** *heart*
en attendant *while waiting*
entendre *to hear*
le **cri** *shout*
la **foule** *crowd*

Le Tour de France

(Émission de l'ORTF[Δ][1] à Angoulême)

Jacques Carrière: Chers auditeurs,°   auditeur   *listener*
bonjour. Ici, Jacques Carrière qui
vous parle d'Angoulême. Comme vous
le savez, nous sommes au milieu de
5   la quinzième étape du Tour de France,[Δ]
entre Bordeaux et Limoges. Nous
attendons ici les premiers vélos par
ce bel après-midi ensoleillé.° Marcel   ensoleillé   *sunny*
Coulons, repassons, si vous voulez
10   bien pour notre auditoire,° les   auditoire   *audience*
principaux événements de la course.
Marcel Coulons: D'accord, Jacques. Eh
bien, cette année, c'est encore une
course formidable de vingt et une
15   étapes de deux à trois cents
kilomètres[Δ] chacune. Le Tour a
presque la forme d'un hexagone,[Δ]
comme la France elle-même. D'abord,
les coureurs ont quitté Paris de la
20   Place de la Bastille et ont traversé
le Bassin Parisien à l'est pour arriver
à Reims. Puis la deuxième étape
les a emmenés vers le nord-est. Au
delà de la frontière, ils sont allés
25   jusqu'à Luxembourg, et de là ils
sont redescendus sur Nancy. La
course a pris ensuite la route de
l'est à travers le massif° des Vosges   massif   *low mountains*
pour finir à Strasbourg.

---

[1] The [Δ] indicates an entry in the Glossary of Cultural
and Literary Terms (pp. 101-104).

Jacques Carrière: Remarquez, Marcel, que ces quatre premières étapes ne sont pas très difficiles. En général, c'est en montagne qu'on voit beaucoup de coureurs abandonner. Mais c'est là justement que Merckx, le Belge, réussit le mieux. Cette année et l'année dernière, pourtant, c'est Thévenet, notre champion, qui a porté le maillot jaune° dans les Alpes.

Marcel Coulons: C'est juste. Espérons qu'il va continuer. En tous cas, après Strasbourg-Besançon, les étapes sont devenues de plus en plus pénibles.° Après Besançon, les cyclistes ont passé la frontière pour la deuxième fois à Genève sur le beau Lac Léman. Puis, encore une fois, ils ont roulé au sud-ouest le long du Rhône vers Lyon. Les deux étapes suivantes, Lyon-Grenoble et Grenoble-Digne, gagnées du reste par Thévenet, ont été sans aucun doute les plus dures, les routes étant souvent en épingles à cheveux.° C'est vraiment un effort superbe de la part de tous les coureurs qui tiennent bon!°

Jacques Carrière: Oui, mais une fois dans les Alpes, la course descend au sud sur Cannes et la Méditerranée. Les pentes sont rapides mais dangereuses. Vous vous rappelez° le triste accident qu'a subi Henri Anglade en 1960, dans un tunnel, en dévalant° les Pyrénées. De Cannes, les coureurs ont longé° la mer en passant par Marseille et Montpellier. Comme on est en pleines vacances,

maillot jaune *yellow jersey worn by winner of previous leg(s)*

pénible *difficult*

épingles à cheveux *hairpin*

tenir bon *to keep at it*

vous . . . rappelez *you remember*

dévalant *descending*
longer *to go along*

c'est dans le Midi,° surtout sur la Côte
d'Azur,ᵃ qu'on a vu le plus de
spectateurs sur les routes.

Marcel Coulons: En passant, Jacques,
5 n'oublions pas que Marseille est
à peu près à mi-chemin° entre le
point de départ et l'arrivée. Après
Montpellier, les cyclistes sont montés
dans le nord-ouest à Toulouse, puis
10 au nord à Bordeaux, sans jamais
atteindre° l'Atlantique. De l'em-
bouchure° de la Garonne, enfin,
c'est notre étape aujourd'hui, celle
de Bordeaux-Limoges. Mais je ne
15 vois aucun cycliste à l'horizon.
Jacques, voulez-vous donc nous dire
rapidement les étapes qui restent de
ce magnifique Tour de France?

Jacques Carrière: Avec plaisir, Marcel.
20 De Limoges les coureurs vont poursuivre leur route jusqu'au cœur de
la région des châteaux de la Loire,
à Tours. Ensuite, il y a deux étapes,
disons bretonnes,° de Tours à Nantes
25 et de Nantes à Saint-Malo. Après
cela, le Tour continue son chemin
non loin de la Manche, en Normandie,
jusqu'au Havre. Enfin, ils vont à
Arras avant de retourner à Paris,
30 où la course s'arrête° cette fois sur
la Place de L'Étoile-Charles de Gaulle,
avant de défiler° au stade Roland
Garros.

Marcel Coulons: En attendant l'arrivée
35 du peloton,° Jacques, il faut rappeler,
comme chaque année, qu'on ne peut
malheureusement pas plaire à° tout
le monde. Même le Tour a ses bornes.°

Midi	*south of France*
mi-chemin	*half-way*
atteindre	*to reach*
embouchure	*mouth (of a river)*
bretonnes	*from Brittany*
s'arrête	*stops*
défiler	*to parade*
peloton	*main group (of racers)*
plaire à	*to please*
bornes	*limits*

On dit que c'est dans le Massif Central cette année que bien des communautés° sont décues.° Il y a toujours des... Mais, attendez,
5 attendez! J'entends du bruit . . . .

communauté *community*
déçues *disappointed*

Jacques Carrière: Moi aussi. Et vous, Mesdames et Messieurs, vous pouvez, vous aussi, écouter les cris rythmiques de la foule: Pompez! Pompez!
10 Marcel Coulons: Les voilà! Ils arrivent! Et le premier coureur que je vois, c'est . . . .

EXERCICES

I.

Complétez les phrases suivantes.

1. On dit que le Tour ne peut pas _____ à tout le monde.
2. Le gagnant des étapes porte _____ .
3. Si la pente est rapide, la descente est toujours _____ .
4. Marseille se trouve _____ entre le départ et l'arrivée du Tour.
5. Les deux étapes de Tours à Nantes et de Nantes à Saint-Malo s'appellent _____ .

II.

Quel mot ne convient pas dans chaque groupe? Pourquoi?

1. pente   course   massif   route
2. longer   suivre   quitter   descendre
3. dur   difficile   pénible   triste
4. belle   formidable magnifique   superbe
5. poursuivre   continuer   réussir   aller

III.

Trouvez un antonyme pour les verbes donnés.

1. oublier _____
2. abandonner _____
3. quitter _____
4. monter _____
5. finir _____

IV.

Répondez aux questions suivantes en regardant la carte à la page 8.

1. Quels sont les fleuves (rivers) principaux de la France?
2. Où se trouvent les Pyrénées?
3. Quelle direction faut-il prendre pour aller du Bassin Parisien à l'embouchure du Rhône?
4. Quels pays (countries) sont à la frontière de la France à l'est?
5. Où est le Mont Blanc?
6. Le Tour est-il passé dans les Pyrénées cette année?
7. Quel fleuve passe à Tours?
8. Où se trouve Bordeaux?
9. Quel pays se trouve à l'ouest du Luxembourg?
10. Quelles sont les frontières naturelles de la France?

V.

En vous rapportant au texte, répondez aux questions suivantes:

1. En tout, combien d'étapes y a-t-il dans ce Tour de France?
2. Dans quels pays étrangers les coureurs sont-ils allés?
3. Où la course devient-elle difficile?
4. Pourquoi est-ce qu'il y a beaucoup de spectateurs sur la Côte d'Azur?
5. Qu'est-ce qui signale l'arrivée du peloton?

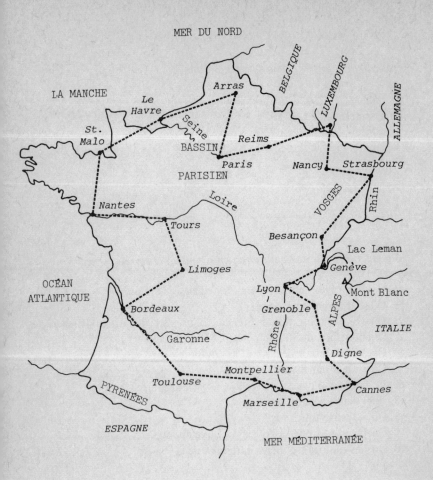

VI.

Votre point de vue

1. Aimez-vous faire de la bicyclette? Pourquoi?
2. Êtes-vous allé(e) dans un pays étranger? Lequel? Qu'en pensez-vous?
3. Vous allez faire un tour en auto. Dites où vous allez.

2

Eugène Ionesco (1912–) est né en Roumanie d'une mère française et d'un père roumain. Il a vécu en France jusqu'à l'âge de treize ans; puis il a achevé ses études en Roumanie. Depuis 1938, il habite en France. En 1970 il a été élu membre de l'Académie Française.^Δ

M. Ionesco est un dramaturge qui cherche l'original. Au début de ses pièces, tout paraît très naturel, mais rien n'est ce qu'il semble et on entre bientôt dans le fantastique et l'absurde. Parmi ses pièces les plus célèbres, on peut citer: *La Cantatrice chauve, La Leçon, Les Chaises* et *Le Rhinocéros.* "Agence de voyages" fait partie d'une série de dialogues intitulée *Exercices de conversation et de diction françaises pour étudiants américains.*

VOCABULAIRE À ÉTUDIER

le **billet** *ticket*
le **chemin de fer** *railroad*
la **couchette** *berth*
le **wagon-restaurant** *dining car*
le **wagon-lit** *sleeping car*
  bondé *filled, booked*
  louer *to rent*
le **permis de conduire** *driver's license*
l' **épaule** (f) *shoulder*

Agence de Voyages

Eugène Ionesco

Personnages

LE CLIENT, L'EMPLOYÉ, LA FEMME

LE CLIENT: Bonjour, monsieur. Je voudrais deux billets de chemin de fer, un pour moi, un pour ma femme qui m'accompagne en voyage.

5 L'EMPLOYÉ: Bien, monsieur. Je peux vous vendre des centaines° et des centaines de billets de chemin de fer. Deuxième classe? Première classe? Couchettes? Je vous réserve deux places au 10 wagon-restaurant?

centaines hundreds

LE CLIENT: Première classe, oui, et wagons-lits. C'est pour aller à Cannes, par l'express d'après-demain.

L'EMPLOYÉ: Ah... C'est pour Cannes? 15 Voyez-vous, j'aurais pu° facilement vous donner des billets, tant que vous en auriez voulu° pour toutes directions en général. Dès que° vous précisez la destination et la date, ainsi que° le train que 20 vous voulez prendre, cela devient plus compliqué.

j'aurais pu I could have

tant que...voulu as many as you would have wanted
dès que once
ainsi que as well as

LE CLIENT: Vous me surprenez, monsieur. Il y a des trains, en France. Il y en a pour Cannes. Je l'ai déjà pris, moi-même.

L'EMPLOYÉ: Vous l'avez pris, peut-être, il y a vingt ans, ou trente ans, dans votre jeunesse. Je ne dis pas qu'il n'y a plus de trains, seulement ils sont bondés, il n'y a
5 plus de places.

LE CLIENT: Je peux partir la semaine prochaine.

L'EMPLOYÉ: Tout est pris.

LE CLIENT: Est-ce possible? Dans trois
10 semaines...

L'EMPLOYÉ: Tout est pris.

LE CLIENT: Dans six semaines.

L'EMPLOYÉ: Tout est pris.

LE CLIENT: Tout le monde ne fait donc
15 que d'aller à Nice?°

L'EMPLOYÉ: Pas forcément.°

LE CLIENT: Tant pis.° Donnez-moi alors deux billets pour Bayonne.

L'EMPLOYÉ: Tout est pris, jusqu'à l'an-
20 née prochaine. Vous voyez bien, mon-sieur, que tout le monde ne va pas à Nice.

LE CLIENT: Alors, donnez-moi deux places pour le train qui va à Chamonix...
25 L'EMPLOYÉ: Tout est pris jusqu'en 1980...

LE CLIENT: ... Pour Strasbourg...

L'EMPLOYÉ: C'est pris.

LE CLIENT: Pour Orléans, Lyon, Tou-
30 louse, Avignon, Lille...

L'EMPLOYÉ: Tout est pris, pris, pris, dix ans à l'avance.

LE CLIENT: Alors, donnez-moi deux billets d'avion.
35 L'EMPLOYÉ: Je n'ai plus aucune place pour aucun avion.

LE CLIENT: Puis-je louer, dans ce cas, une voiture avec ou sans chauffeur?

Tout...Nice? *It seems as if everyone is going to Nice*
pas forcément *not necessarily*
tant pis *never mind*

L'EMPLOYÉ: Tous les permis de conduire sont annulés,° afin que° les routes
ne soient° pas encombrées.

LE CLIENT: Que l'on me prête deux
5 chevaux.

L'EMPLOYÉ: Il n'y a plus de chevaux. (Il
n'y en a plus.)

LE CLIENT: *à sa femme*: Veux-tu que
nous allions° à pied, jusqu'à Nice?

10 LA FEMME: Oui, cheri. Quand je serai
fatiguée tu me prendras sur tes épaules.
Et vice versa.

LE CLIENT, *à l'employé*: Donnez-nous,
monsieur, deux billets pour aller à pied
15 jusqu'à Nice.

L'EMPLOYÉ: Entendez-vous ce bruit?
Oh, la terre tremble. Au milieu du pays
un lac immense, une mer intérieure vient
de se former (d'apparaître, de surgir).
20 Profitez-en vite, dépêchez-vous avant que
d'autres voyageurs n'y pensent. Je vous
propose une cabine de deux places sur le
premier bateau qui va à Nice.

> annulés *canceled*
> afin que *so that*
> soient *are*

> veux-tu...allions *do you want us to go*

*Exercices de conversation et de diction fran-
çaises pour étudiants américains,* Théâtre V,
1974

EXERCICES

I

Complétez la phrase suivante.

S'il prend le train et voyage en première classe, il peut dormir dans
_____ et prendre ses repas au _____ .

II

Relevez dans le texte d'autres mots de la même famille que les mots suivants.

voyage	cent
agent	coucher
	jeune

III

Refaites les phrases suivantes en remplaçant les mots en italique par les mots indiqués.

1. Il n'a plus aucune place pour aucun *avion*.
   bateau/wagon-lit/express à Avignon
2. Il n'y a plus de *bateaux*.
   voitures/chevaux/couchettes
3. Une mer intérieure vient de *se former*.
   surgir/(d') apparaître
4. Profitez-en *maintenant*.
   aujourd'hui/vite/tout de suite

IV

Répondez aux questions suivantes.

1. Où se passe la scène?
2. Quelle est la destination du client?
3. Quand a-t-il l'intention de partir?
4. Pourquoi l'employé ne peut-il pas lui vendre un billet pour ce jour-là?
5. Qu'est-ce qui rend l'affaire très compliquée?
6. Pourquoi ne peut-il leur vendre aucun bullet de chemin de fer?
7. Quels autres moyens de transport le client suggère-t-il?
8. Qu'est-ce que l'employé répond à ses suggestions?
9. Enfin, comment le client décide-t-il d'aller à Nice?
10. Quelle est la réaction de sa femme?
11. Pourquoi l'employé leur propose-t-il d'aller à Nice en bateau?

V

Votre point de vue

1. Quand vous partez en vacances, par quel moyen de transport voyagez-vous?
2. Où préférez-vous passer les vacances?
3. À quel moment dans le dialogue reconnaissez-vous que c'est une parodie? Qu'est-ce qui vous l'indique?

3

VOCABULAIRE À ÉTUDIER

la **diapositive** *slide*
voyager *to travel*
prêt *ready*
la **séance** *session*
le **pont** *bridge*
le **quartier** *city district*
le **mur** *wall*
épais *thick*
le **marché** *market*
le **début** *beginning*
grimper *to climb*
cueillir *to pick (fruit)*
la **colline** *hill*
montrer *to show*
habiter *to live*
le **gratte-ciel** *skyscraper*
le **toit** *roof*
l' **ouvrier** (m) *worker*
l' **ananas** (m) *pineapple*
le **sable** *sand*
plusieurs *several*

la vague   *wave*
le pied   *foot*
le bâtiment   *building*
l' église (f)   *church*
la fleur   *flower*
le voilier   *sailboat*
la neige   *snow*
le magasin   *store, shop*
le quai   *wharf*
la vue   *view*
l' hiver   *winter*
la glace   *ice*
le paysage   *landscape*
le nuage   *cloud*
le bois   *wood*
le champ   *field*
le revenu   *income*
le pays   *country*
pauvre   *poor*
monter   *to go up*
créer   *to create*
vendre   *to sell*

Le Monde francophone

À la Maison des Jeunes^ à Marseille, quelques jeunes gens de nationalités différentes sont venus un soir regarder des diapositives prises dans des pays
5 francophones^ où ils sont nés ou bien où ils ont voyagé. C'est le Français Damien qui fait marcher° le projecteur.

faire marcher *to run*

Damien: Tout le monde est prêt? Bon, la séance commence. Aujourd'hui,
10 nous allons voir des diapos de l'Algérie, de la Côte d'Ivoire, de la Belgique et de la Suisse, du Canada et de la perle° des Antilles, la Martinique...

perle *pearl*

ou la Guadeloupe... je ne sais pas...
15 Berthe: Quoi? Et Haïti? C'est elle qui est la perle des Antilles!

Damien: Oh! Pardon. Je n'ai pas oublié Haïti, mais il faut dire qu'avec toutes ces perles, on peut presque en
20 faire un collier!°

collier *necklace*

Monique: Ça suffit! Pas de disputes! Nous sommes là pour mieux nous connaître,° pas pour montrer notre chauvinisme...

connaître *to know*

Damien: Tu as raison. Alors, regardons
25 d'abord l'Algérie avec Farid.

Farid: Bien, merci, Damien. Je vais vous parler de Constantine, ma ville natale.° Son site est unique: ses quatre ponts relient la ville ancienne
30 à la nouvelle, au-dessus du ravin du Rhumel, l'oued° qui contourne les

ville natale *city of birth*

oued *wadi*

21

vieux quartiers. Voilà un viaduc avec mon frère devant... Au fond° du ravin, la plus vieille mosquée de Constantine. Ici, des maisons
5 berbères,° avec des murs épais et de petites fenêtres pour les protéger contre le froid et la chaleur... et le marché... une mosquée en ville...

Monique: Est-ce que toutes les femmes
10 sont voilées° en Algérie?

Farid: Surtout dans les familles encore traditionnelles. Il y en a beaucoup encore à Constantine, mais moins à Alger. Avec la vue de la passerelle°
15 Perregeaux au coucher du soleil, disons au revoir à Constantine pour aller dans le sud vers le Sahara. Sur la route, un troupeau de chèvres...° des nomades près de leurs tentes...
20 des chameaux...° Et, dans le massif de l'Aurès, j'ai fait la visite fascinante d'une ville romaine, Timgad, complète avec forum, théâtre, temples de Jupiter et de Vénus,... Ici, nous
25 sommes à Biskra, un oasis important au début du désert... Là, un petit oasis au milieu des palmiers...° C'est un dattier° sur lequel grimpe le garçon sur la photo, d'abord pour la
30 pollinisation des dattes, et plus tard, pour les cueillir.

Damien: Et Alger, Alger la Blanche? Tu n'as pas de photos?

Farid: Mais si, voilà... une vue
35 générale de la ville sur les collines... et le long de la mer... le port de plaisance... et enfin la Casbah!°

au fond *at the bottom*

berbère *first inhabitant of North Africa*

voilée *veiled*

passerelle *footbridge*

troupeau de chèvres *herd of goats*

chameaux *camels*

palmiers *palm trees*
dattier *date tree*

Casbah *Arab quarter of Algers*

Tous: Bravo! Formidable! Tes photos
sont magnifiques!

Damien: . . .mais tu n'en as pas beaucoup sur la capitale!

5 Farid: Mais mon vieux, Alger n'est
pas l'Algérie, pas plus que Paris
n'est la France!

Damien: Très juste. Eh bien, Hortense,
à ton tour de nous montrer la Côte

10   d'Ivoire.

Hortense: Je suis née à Bouaké,
mais j'habite maintenant Abidjan.
C'est une ville moderne, avec des
routes d'accès à quatre voies.° J'ai   voies   *lanes*

15   pris tout ça du haut de l'Hôtel Ivoire,
le plus moderne du pays, style
américain. La ville est bâtie sur
une lagune. . . Regardez les gratte-
ciel de Fiat et d'Esso. De l'autre

20   côté, c'est le quartier de Cocody,
où est notre université et le stade. . .
Ici, un vieux quartier devenu
bidonville.° À côté, une nouvelle   bidonville   *slum*
usine de conserves° et les petites   conserves   *canned*

25   habitations à toits rouges des ouvriers.   *food*
Ah là, c'est une plantation d'ananas
à l'intérieur du pays, où je suis allée
avec mon demi-frère.

Gérard: Ton demi-frère?

30 Hortense: Oui, nous sommes musul-
mans, et mon père avait quatre
femmes. Mais maintenant, la poly-
gamie est interdite. . . . Ici, une plage
de sable blond, longue de plusieurs

35   kilomètres. . . mais les vagues sont si
hautes qu'on ne peut y faire que du
surf, ou s'y tremper les pieds. . .

Monique: Il y fait chaud et humide?

Hortense: Oui, le climat est tropical et
la saison des pluies est dure.

Damien: Merci pour tes photos qui
font envie de visiter ton pays,
5 Hortense. Maintenant, retournons à la
bonne vieille Europe. Monique, c'est
à toi.

Monique: Comme vous le savez, je suis
belge, mais comme je suis allée en
10 Suisse récemment, je vais vous
montrer les deux pays. D'abord,
Bruxelles. C'est un centre commercial,
industriel et culturel. Voilà les
bâtiments modernes du Marché
15 commun. Et là, c'est la Grand'Place
avec l'hôtel de ville° gothique qui   hôtel de ville   *city hall*
date du 15ᵉ siècle. Le bâtiment là-
bas, du 13ᵉ siècle, c'est la "maison du
roi" ou Broodhuis, comme on dit
20 en flamand.° Ah, me voilà devant   flamand *Flemmish*
une des guildes, c'est-à-dire une
association de marchands et d'artisans
qui date du moyen âge. À présent,
nous sommes à Bruges, la Venise
21 du nord avec ses canaux... N'est-ce
pas que c'est joli? Ici, l'hôtel de ville
du 14ᵉ ... là, le vieux marché de
la laine ... À l'hôpital Saint-Jean,
on peut voir des tableaux de fameux
30 peintres flamands comme Bruegel,
Jan van Eyck et bien d'autres. Voilà
encore l'église Notre Dame du 12ᵉ.
Voilà pour la Belgique... Maintenant,
la Suisse! Sur le Lac Léman, c'est
35 Genève... le lac vu de la Promenade...
le Palais des Nations Unies au milieu
d'un parc... il y a des fleurs et
des jets d'eau° partout... Là, c'est   jets d'eau   *fountains*

une fabrique d'horlogerie...° On trouve des horlogers° et des joaillers° partout. À Lausanne, voilà un chalet fleuri... des voiliers sur le lac... et

5 le bateau à vapeur° pour Évian en France.

Farid: Magnifique! Mais... et les montagnes, où sont-elles?

Monique: Vous avez vu de petites

10 près de Genève, mais les hautes montagnes aux neiges éternelles sont plus loin, à l'est.

Damien: Félicitations, Monique, pour tes jolies diapos. Nous partons

15 maintenant pour les Amériques. Paul, tu n'as pas dit un mot jusqu'à présent. Parle-nous du Canada!

Paul: OK. Je suis de Montréal, une grande ville typique du continent

20 nord-américain. Voilà une rue importante du centre... des magasins... de grands hôtels... Sur le Mont-Royal, nous avons une belle cathédrale, mais pas aussi vieille que

25 tes monuments, Monique. C'est une reproduction en miniature de Saint-Pierre de Rome et on y fait des pèlerinages.° Voilà l'université McGill, de langue anglaise. À présent, nous

30 sommes sur les quais du port maritime, sur le Saint-Laurent. Les gros bateaux de commerce peuvent venir ici de l'Atlantique et continuer jusqu'aux grands lacs aux États-Unis par le

35 canal du Saint-Laurent... vous voyez ici une écluse° sur le canal. Maintenant, traversons le pont en métro pour aller sur le site de l'Exposition

horlogerie *watch making*
horloger *watch maker*
joailler *jeweler*
bateau à vapeur *steam boat*

pèlerinage *pilgrimage*

écluse *lock (of a canal)*

Universelle de 1967. Voilà "Terre des Hommes", un des pavillons canadiens qu'on peut encore visiter aujourd'hui, et de là, une vue générale de la ville. Savez-vous, au fait, que le métro a été construit par des ingénieurs° français? Bon, de là, nous allons à Québec, la capitale de la Province. Elle est du reste plus petite que Montréal. C'est le Français Champlain qui l'a fondée, sur le Saint-Laurent aussi. On dit qu'elle est très française, avec ses petites rues, mais moi, je pense qu'elle est plutôt canadienne française. On peut y visiter un champ de bataille,° les plaines d'Abraham... et les fortifications. Vous voyez ici l'université Laval, de langue française. Du haut du Château Frontenac, un hôtel maintenant, admirez la vue sur le Saint-Laurent en hiver. Ici, quelques vues sur la baie° de Gaspé sur le golfe du Saint-Laurent. C'est un paysage sauvage, d'une beauté spéciale. Enfin, me voilà faisant du ski dans les Laurentides, au nord de Québec...

Monique: Là, il fait froid! Quelle différence!

Damien: Oui, mais c'est splendide! Et maintenant les Antilles, paradis des touristes. À toi, Gérard, de nous parler des beautés de la Martinique.

Gérard: D'accord. Je vais vous en montrer les principaux centres d'intérêt. Le plus connu est le domaine de la Pagerie où est née

ingénieurs *engineers*

champ de bataille *battlefield*

baie *bay*

l'Impératrice Joséphine, femme de Napoléon. Il ne reste que les anciennes cuisines, converties en musée... la sucrerie... le moulin à cannes où on peut boire du rhum ou du coca-cola ou les deux... Le site le plus beau est sans doute la Montagne Pelée, le volcan dormant,° qui est malheureusement bien souvent enveloppé de nuages. En bas, sur la mer des Caraïbes, voilà Saint Pierre, la ville détruite par le volcan en 1902... son fort... sa cathédrale... son ossuaire...° et le petit musée. Le rocher du Diamant, pour lequel Français et Anglais se sont battus à mort, est également très beau. Il faut aussi voir la savane des pétrifications° sur la falaise de la Pointe d'Enfer. Tiens... voilà un morceau de bois sillicifié. Ici, c'est le château du pirate Dubuc... des arbres poussent sur les ruines... l'anse bien abritée, près de là, a facilité la contrebande du rhum et la traite des noirs. Les champs de cannes à sucre étaient tout près aussi.

Damien: Comment appelle-t-on les arbres rouges qu'on voit?

Gérard: Des flamboyants. Et... pour terminer, Fort-de-France, le centre politique du département. Voilà le port... le Fort Saint-Louis... la cathédrale... et sur la grande place, des poupées° en costume martiniquais multicolore.

Damien: Déjà fini, Gérard? Eh bien, à toi, Berthe, de nous parler de ton île!

dormant *inactive*

ossuaire *ossuary*

savane de pétrification *savanna of petrification*

poupée *doll*

Berthe: Eh bien, je dois° dire que Haïti n'est pas aussi populaire avec les touristes français que la Martinique ou la Guadeloupe. C'est dommage, car nous avons bien besoin de revenus° touristiques. Le pays est pauvre et surpeuplé.° Tenez, regardez la foule près du marché de fer à Port-au-Prince... près de la statue de Christophe Colomb sur le port... Voilà le Palais National tout blanc où réside Bébé Doc°... la cathédrale catholique... le casino... En montant sur les hauteurs, Pétionville et ses villas bourgeoises... et ses galeries d'art, car les Haïtiens sont très artistiques. Voilà quelques exemples du style primitif créé en Haïti. On y retrouve les cérémonies du Vaudou... les motifs religieux sur les murs de la cathédrale épiscopale... Et puis voilà des garçons qui vendent leurs bouquets de fleurs sur la route. Ne sont-ils pas aussi artistes dans leur genre? Et cette vue générale de Port-au-Prince, prise de la montagne, n'est-ce pas magnifique?

Tous: Oh! Bravo! Bravo!

Berthe: Finalement, quelques photos du château de Sans-Souci et de la Citadelle, où on monte à dos° de mule. C'est le roi Christophe qui les a faits construire, le premier, comme son palais, et le deuxième, comme fort de défense contre une invasion possible des Français, vers 1804. C'est vraiment la septième merveille du monde!

je dois *I must*

revenus *income*
surpeuplé *overpopulated*

Bébé Doc *Duvallier's son, President of Haïti*

à dos *on the back*

Tous: Oh là là! Oh là là!

Berthe: Mais elle n'a jamais° servi!   jamais *never*
(Elle rit.)

Damien: Tant mieux pour tout le
5   monde! Merci donc à toi, Berthe
et à tous nos photographes. Grâce
à vous, ce soir, nous avons fait un
tour du monde fantastique.... et
pour pas très cher!

EXERCICES

I.

Trouvez les antonymes des mots suivants.

1. au fond _____
2. devant _____
3. nouvelle _____
4. chaleur _____
5. détruit _____

II.

Remplissez les blancs avec le mot approprié.

1. Le garçon _____ sur le dattier.
2. Il y a beaucoup de _____ sur le Rhumel.
3. Beaucoup de _____ sont voilées en Algérie.
4. En Martinique, il y a des _____ de cannes à sucre.
5. Bruegel est un fameux peintre _____ .
6. Montréal est sur le continent _____ .
7. Les flamboyants sont des _____ en Martinique.
8. Haïti a besoin de _____ touristiques.
9. Paul _____ Montréal.
10. Le Marché commun a des _____ modernes.

III.

D'après le texte, trouvez un adjectif convenable pour les noms suivants.

1. une ville _____
2. un _____ quartier
3. un paysage _____
4. un climat _____

5. un mur _____
6. une vue _____
7. une photo _____
8. un pays _____

IV.

Répondez aux questions suivantes, d'après le texte.

1. Où est né Farid? Comment est sa ville?
2. Comment sont les maisons berbères?
3. Où sont les oasis? Qu'est-ce qui y pousse?
4. Décrivez la ville d'Abidjan.
5. Quel est le climat de la Côte d'Ivoire?
6. Quelles langues parle-t-on en Belgique?
7. Comment appelle-t-on Bruges? Pourquoi?
8. Qu'est-ce qu'il y a partout à Genève?
9. Où sont les hautes montagnes en Suisse?
10. D'où vient le Saint-Laurent? Où va-t-il?
11. Qui a fondé Québec? La ville est-elle française?
12. Qui est né en Martinique? Où se trouve la Martinique?
13. Pourquoi la contrebande était-elle facile en Martinique?
14. Comment savons-nous que les Haïtiens sont artistiques?
15. Par qui et pourquoi la Citadelle a-t-elle été construite?

V.

Votre point de vue.

1. Où êtes-vous né(e)?
2. Comment est votre maison?
3. Décrivez le climat de votre région.
4. Quelles langues parlez-vous? Sous quelles circonstances avez-vous appris ces langues?
5. Décrivez votre ville ou village.

"Renard et Chantecler" est une des épisodes du *Roman de Renard*, une collection de narrations en vers du XIIe siècle. C'est une fantaisie, qui montre l'influence des fables grecques et romanes et de la tradition orale. Les aventures du loup et du renard étaient populaires dans le Nord de la France. Un clerc flamand les a racontées en vers latins; ensuite d'autres clercs et poètes les ont amplifiées et remaniées. Cet extrait a été adapté de l'ancien français.

Au Moyen Âge les seigneurs possédaient les terres. Les serfs (paysans) qui cultivaient la terre étaient obligés de leur payer des taxes très lourdes. Dans ce régime féodal, le serf avait peu de liberté personnelle et était vendu et donné avec la terre sur laquelle il vivait.

Les personnages principaux du *Roman de Renard* sont des animaux. Chaque animal devient une personne avec un nom, une famille et une vie qui se modèle sur la société de l'époque. À travers leurs aventures, on fait la parodie de la vie et des institutions féodales, de la noblesse, de l'Église, du clergé, et des paysans.

Les poètes présentent le conflit éternel entre la ruse et la force, entre le faible et le fort, entre les riches et les pauvres. Ce n'est pas toujours le plus fort qui triomphe.

VOCABULAIRE À ÉTUDIER

le **renard** *fox*

le **museau** *snout*

le **poil** *fur*

la **queue** *tail*

jouer un tour (à) *to play a joke (on)*

voler *to steal*

le **poulet** *chicken*

le **poulailler** *chicken coop*

le **coq** *rooster*

percher *to perch*

mentir *to lie*

égaler *to equal*

l' **aile** (f) *wing*

poursuivre *to chase*

tromper *to deceive*

le **loup** *wolf*

la **gueule** *mouth (of an animal)*

s' **envoler** *to fly away*

Renard et Chantecler

Il y a très longtemps, vivait maître
Renard avec sa femme, dame Hermeline,
et ses deux jolis renardeaux,° Malebranche
et Percehaie. Renard avait le museau fin,°
5 le poil roux,° la queue longue, et les yeux
mobiles. Il était connu° dans son pays
pour sa prudence, ses ruses, et sa façon
de jouer de mauvais tours à ses amis ainsi
qu'à ses ennemis.

10 Un jour Renard et sa famille se sen-
tent découragés en voyant qu'ils n'ont
plus rien à manger. Après un long silence
Renard dit enfin: "Je vais essayer de voler un poulet," et il se dirige vers° un pou-
15 lailler voisin qui appartient à un paysan
aisé.° Il voit le coq Chantecler perché sur
un tonneau° et lui dit: "Chantecler,
vous vous rappelez que mon père et le
vôtre étaient frères et qu'ils s'aimaient
20 tendrement? Que nous étions tous déso-
lés quand mon pauvre oncle, Chanteclin,
est mort, et que nous avons pleuré, dame
Hermeline et moi. Quelle perte!° Depuis
ce jour, on ne chante plus aussi douce-
25 ment que lui. Hélas, on n'entendra plus
jamais chanter comme Chanteclin!"

À ces paroles, Chantecler se vexe et

renardeaux *cubs*
fin *sharp and small*
roux *reddish*
connu *known*

se dirige vers *goes in
the direction of*

paysan aisé *well-to-do
farmer*
tonneau *barrel*

perte *loss*

pousse des cocoricos° (éclatants.° "Eh bien, qu'en dites-vous maintenant, cousin Renard?"

"Je m'excuse, cousin Chantecler, mais
5 cela ne peut pas se comparer. Quand mon oncle chantait, on pouvait l'entendre à deux lieues° au moins. Il faisait l'admiration de tous les autres coqs, qui cessaient de chanter et s'émerveillaient
10 devant cette voix splendide. Tout de même, vous avez une belle voix. Essayez seulement de faire comme Chanteclin. Fermez les yeux quand vous chantez."

"Vous êtes sûr que c'est ce qu'il fai-
15 sait?"

"J'en suis sûr. Est-ce que je vous mentirais?"

Chantecler est jaloux de son oncle et veut essayer de l'égaler. Il suit les con-
20 seils° de son cousin Renard, ferme les yeux et ouvre le bec. À ce moment, Renard le saisit par l'aile, l'emporte et court chez lui. "Quel bon repas pour ma famille!" pense-t-il.

25 Mais les servants qui s'occupent du poulailler ont vu ce qui s'est passé et poursuivent Renard, en criant: "À mort, à mort."

Le pauvre Chantecler reconnaît que
30 Renard l'a trompé et il hurle:° "Traître! Personne ne doit avoir confiance (en vos paroles flatteuses!) . . . Mais, écoutez, mon cousin, je n'aime pas ces gens qui vous poursuivent. Ils sont cruels. Si vous
35 voulez vous sauver la vie, criez à haute voix, "Pendant que vous courez après moi, mon ami le loup est en train de manger vos provisions et vos poulets."

cocoricos *cockadoo-dledoos*
éclatants *brilliant*

lieue *league (about 4 kilometers)*

conseils *advice*

hurle *yells*

Renard prend plaisir à se moquer de° ses ennemis. Il ouvre sa gueule toute grande pour crier. Le coq en profite pour s'envoler et se perche sur une haute
5 branche d'où il lance des cocoricos moquers.

Renard comprend alors que cette fois c'est Chantecler qui lui a joué un tour. Il rentre tristement chez lui tandis que
10 Chantecler retourne triomphant au poulailler.

se moquer de *to taunt, make fun of*

Roman de Renard, XIIe siècle

EXERCICES

I

Complétez les phrases suivantes.

1. Un coq ouvre _____ pour chanter.
2. Le renard ouvre _____ pour manger le poulet.
3. Les petits d'un renard s'appellent _____ .
4. On garde les poulets dans _____ .
5. Le chant d'un coq s'appelle _____ .

II

Relevez dans le texte les mots de la même famille que les mots suivants.

moquer	doux
prudent	triste
jalousie	flatter
courage	merveilleux
poulet	

III

Relevez dans la colonne B les antonymes des mots ou expressions de la colonne A.

A	B
tromper	parler doucement
l'ami	la mort
heureux	jouer un mauvais tour
dire la vérité	crier à haute voix
la vie	mentir
hurler	désolé
	l'ennemi

IV

Remplacez les mots en italique par les mots ou expressions indiqués.

1. Le renard est en train de manger *le poulet*.
   le coq/les provisions/le poisson/l'oiseau/le lapin
2. Renard en profite pour *emporter le coq*.
   saisir son aile/voler un poulet/tromper le paysan/jouer un mauvais tour à ses ennemis

V

Répondez aux questions suivantes.

1. Qui sont Malebranche et Percehaie?
2. Quelle était la réputation de Renard?
3. Pourquoi Renard décide-t-il de voler un poulet?
4. Qui est Chantecler?
5. Où habite Chantecler?
6. Qui était Chanteclin?
7. Pourquoi Renard dit-il que la mort de Chanteclin était une grande perte?
8. Pourquoi Chantecler était-il jaloux de Chanteclin?
9. Expliquez pourquoi Renard a dit au coq de fermer les yeux avant de chanter.

10. Qu'est-ce qui est arrivé à Chantecler quand il a commencé à chanter?
11. Comment Chantecler a-t-il trompé Renard?

VI

Votre point de vue

1. À votre avis est-ce que les plus forts gagnent toujours (souvent)? Expliquez votre réponse.
2. Quand faut-il flatter les gens?
3. Imaginez une situation dans laquelle Renard rentre chez lui triomphant.

5

VOCABULAIRE À ÉTUDIER

le **discours** *speech*
agricole *agricultural*
le **fermier** *farmer*
cher *dear*
négliger *to neglect*
seul *alone*
souffrir *to suffer*
ressentir *to feel*
le **prix** *price*
élevé *high*
assez *sufficiently*
le **rang** *rank*
mondial *world-wide*
le **légume** *vegetable*
la **viande** *meat*
ralentir *to slow down*
l' **année** (f) *year*
faire la concurrence (à) *to compete (with)*
le **voisin** *neighbor*
l' **usine** (f) *factory*
jouer *to play*

le **camion** *truck*
le **beurre** *butter*
moyen *average*
inutile *useless*
moins de *less than*
la **terre** *land*
la **campagne** *rural part of country*
enseigner *to teach*
le **renseignement** *information*
le **fromage** *cheese*
la **pomme** *apple*
l' **escargot** (m) *snail*
la **vente** *sale*
se **rappeler** *remember*

Discours sur l'économie française

À l'occasion de sa visite dans une petite ville agricole de la région parisienne, le député° du département▲ a prononcé le discours suivant sur l'état
5 actuel de l'économie française devant un groupe de petits fermiers de la région:

Mes chers concitoyens,°

Si je suis ici aujourd'hui, c'est que
10 j'ai tenu à° vous assurer que le gouvernement ne néglige pas vos problèmes et que nous faisons tout notre possible pour améliorer votre situation. Si cela peut vous consoler,
15 la France n'est pas la seule à souffrir de la crise économique actuelle. Même les grandes puissances mondiales ressentent les effets de l'inflation, des prix élevés du pétrole et des problèmes
20 de production. Dans la crise générale, la France est tout de même dans une situation assez privilégiée, grâce aux ressources naturelles qu'elle possède.

Faisons le point.° Pour la production
25 agricole, nous nous plaçons au premier rang en Europe Occidentale. Nous vendons plus de blé° au Marché commun▲ que tous les autres pays participants. Les régions de la Bour-
30 gogne, la Champagne et Bordeaux, etc... fournissent° 30% de la production mondiale des vins. La région de Paris,

député   *deputy*

concitoyen   *fellow-citizen*

tenir à   *to want to*

faisons le point   *let's review the situation*

blé   *wheat*

fournir   *to supply*

41

c'est-à-dire vous, et la vallée du Rhône cultivent suffisamment de fruits et de légumes pour satisfaire les besoins de la population française. Nos exportations
5 de viande, surtout dans l'Europe de l'Est, sont en hausse.° En fait, en 1974, l'agriculture rapportait à l'État le cinquième de ses revenus en devises étrangères,° chiffre qui va doubler en
10 1980.

Cependant les années de sécheresse,° et spécialement 1976, ont ralenti l'augmentation de nos exportations. Le maïs° et la betterave à sucre° ont
15 particulièrement souffert. Pour nous permettre de garder une certaine indépendence économique, il nous faut donc exploiter toutes nos ressources énergétiques. Nos progrès en énergie
20 nucléaire sont spectaculaires, et on peut dire que c'est un développement purement français. Des centrales, comme celle de Chinon, non loin d'ici, fonctionnent déjà. Nous espérons que,
25 malgré l'opposition locale, notre première centrale surrégénératrice, Super-Phénix, dans l'Isère, va suivre dans un prochain avenir. Mais ce n'est pas tout, vous le savez. Nous avons
30 besoin d'autres sources d'énergie. Or, si le pétrole est rare en France (nous n'avons guère que Péchelbronn en Alsace et Lacq dans les Pyrénées comme ressources), par contre, notre réseau
35 important de centrales thermales et de centrales hydrauliques rétablissent l'équilibre quant à la production d'électricité. De plus, nous avons les mines de charbon° du nord, du Creusot

en hausse *on the rise*

devises étrangères
foreign currency

sécheresse *drought*

maïs *corn*
betterave à sucre
sugar beet

charbon *coal*

et de Saint-Étienne. Mais là encore, la
sécheresse imprévue° a démontré qu'en
cas d'urgence,° la capacité de production
de l'E.d.f.° en électricité hydraulique
5 arrivait à ses limites. Le gouvernement
a alors reconnu° l'importance d'une
exploitation plus intensive et plus
contrôlée de l'eau souterraine° et a pris
les mesures nécessaires. Ces recherches
10 vont bénéficier l'agriculture également.

Dans le domaine industriel, pour faire
concurrence à nos voisins, nous devons
intensifier et diversifier notre industrie.
Là encore, le Bassin Parisien est un
15 centre commercial important. 20% de
la population industrielle de la nation
y réside et tous les secteurs y sont
représentés. Je ne veux pas minimiser
l'importance des usines textiles,
20 sidérurgiques,° chimiques et alimentaires
des autres régions. Je veux simplement
vous rappeler qu'une grande partie de
l'industrie mécanique, comme la construction automobile (usines Renault,
25 Citroën, Simca et Peugeot) qui joue
un rôle essentiel dans notre économie,
se trouve concentrée autour de Paris,
sauf les camions Berliet qui sont à Lyon.

Si je vous présente ce tableau général,
30 ce n'est pas pour minimiser vos
problèmes, croyez-moi. Nous sommes
passés par beaucoup de crises pendant
notre longue histoire. Nous allons nous
en sortir à nouveau.° Malheureusement,
35 trop souvent, les petits fermiers comme
vous ont souffert le plus. Mais, depuis
la Deuxième guerre, le gouvernement
fait des efforts pour vous assurer votre

imprévue *unexpected*
cas d'urgence *in case of emergency*
E.D.F. *the national electrical company*
reconnu *recognized*
souterrain *underground*

sidérurgique *iron*

à nouveau *again*

part dans le développement du pays.

Seule une planification agricole peut régler les grands problèmes de surplus (céréales, beurre, par exemple), éliminer les productions inutiles et améliorer° les moyens de communications. Nous essayons aussi de réviser notre réseau de distribution qui est inefficace et coûteux° et qui favorise les intermédiaires. Nous essayons d'améliorer notre système de transports, si encombré° que la distribution devient de plus en plus compliquée.

De votre côté, le progrès et les innovations sont sans doute les meilleures solutions. Je sais qu'il est difficile de renoncer aux habitudes traditionnelles et qu'il est difficile d'acquérir° des machines agricoles modernes quand on cultive moins de 30 hectares^ de terre. C'est pourquoi les petits cultivateurs survivent difficilement!

Quelles solutions offrons-nous donc pour remédier à vos problèmes? Tout d'abord, un meilleur rendement° de la terre: le gouvernement a envoyé de nombreux délégués dans les campagnes pour enseigner aux agriculteurs à tirer meilleur profit de leurs terres. Consultez-les. . .

Ensuite, le gouvernement vous offre des conditions avantageuses de prêts.° Le Crédit Agricole, ici, a tous les renseignements nécessaires et peut vous conseiller dans votre situation particulière.

Enfin, je vous propose d'étudier la question des produits agro-alimentaires. Je vous donne des exemples: la France

améliorer *to better*

coûteux *expensive*

encombré *crowded*

acquérir *to acquire*

rendement *yield*

prêts *loans*

exporte des produits alimentaires comme
le champagne, les truffes,° le foie gras et
les fromages, les pommes et les abricots.
Mais pour la célèbre moutarde française,
5 il faut importer les graines du Canada!
Quant aux escargots, ils viennent de
l'Europe de l'Est, parce que personne
ici ne veut plus se baisser° pour les
ramasser. Du coup, leurs prix sont trop
10 élevés sur les marchés mondiaux. Pour
ce qui est de nos fromages, nous n'en
exportons que 18% de notre production,
alors que nous en avons plus de 300
sortes!!! La Hollande, elle, en exporte
15 56%. Alors, n'y a-t-il pas là pour vous de
nouveaux débouchés° dans les ventes de
produits qui ne sont pas simplement
agricoles, à l'état brut, mais agro-
alimentaires. . . à des prix compétitifs?
20 Songez-y,° et rappelez-vous que votre
coopération avec l'État et votre contribution au bien-être général des Français
sont essentielles. L'économie de la
nation dépend de vous tous.
25 Je vous remercie.

truffes *truffles*

se baisser *to bend
down*

débouché *outlet*

songez-y *think
about it*

EXERCICES

I.

Complétez les phrases suivantes.

1. Le député s'adresse aux petits _____ .
2. Les plus grandes _____ du monde ressentent les effets de
   l'inflation.
3. La France fournit 30% de la production mondiale des _____ .
4. La France fournit beaucoup de _____ au _____ .
5. Le _____ est rare en France.
6. Pour faire _____ aux autres pays, il faut intensifier _____ .

II.

Trouvez un mot de la même famille que les mots suivants.

1. cultiver
2. l'industrie
3. énergie
4. exporter

5. vendre
6. monde
7. agricole
8. économie

III.

Utilisez chaque expression suivante dans une phrase originale.

1. la campagne
2. fournir
3. le voisin
4. le bien-être
5. survivre
6. coûteux

IV.

Répondez aux questions suivantes.

1. Sur quoi le député fait-il un discours?
2. À qui parle-t-il?
3. Pourquoi la France se trouve-t-elle dans une position économique privilégiée?
4. Quelles sont les principales ressources agricoles de la France?
5. Nommez quelques industries françaises.
6. Quel est le plus grand centre industriel de la France?
7. Pourquoi les petits fermiers ont-ils de la difficulté à survivre?
8. Quelles solutions concrètes le député propose-t-il?
9. Quelle aide le gouvernement offre-t-il?
10. Citez quelques exportations françaises.

V.

Votre point de vue.

1. Quelles sont les principales ressources agricoles de votre région?
2. Quelles industries y a-t-il dans votre région? Décrivez une de ces industries.
3. Vos revenus personnels sont-ils élevés? En êtes-vous content(e)?
4. Qui a de la difficulté à survivre dans votre pays? Que peut-on faire pour améliorer leur condition?

6

Ulysse Pierre-Louis (1925–) est un publiciste et professeur de littérature haïtienne et de littérature française. Comme d'autres écrivains et poètes haïtiens de sa génération il est fier de ses origines africaines, de la culture indigène de son pays, et de la langue créole parlée en Haïti. (Le créole est une langue mixte formée de français, d'espagnol, de portugais, et de mots indigènes.)

"Partage de morts entre le bon Dieu et Lucifer" est une vieille légende haïtienne. Les Haïtiens sont les descendants des esclaves africains déportés depuis le XVIe siècle. Haïti a été disputée entre la France et l'Espagne avant de gagner son indépendance au début du XIXe siècle.

L'auteur dit que les contes et légendes haïtiens ont toujours exercé une fascination sur lui. Il a voulu préserver d'une génération à l'autre la richesse des traditions orales et folkloriques de son pays. En transposant ces légendes du créole en français, il a essayé de conserver leur substance sans rien modifier ni inventer et sans hésiter d'employer des expressions et des images créoles. "Partage de morts entre le bon Dieu et Lucifer", adapté pour ce manuel, figure dans son recueil *Sortilèges afro-haïtiens*.

VOCABULAIRE À ÉTUDIER

le **partage** *division, sharing*
le **mort** *dead person, corpse*
le **cimetière** *cemetery*
s' **aventurer** *to venture*
le **mendiant** *beggar*
s' **attarder** *to linger*
le **manguier** *mango tree*
enjamber *to climb over*
donner vers *to lean towards*
la **mangue** *mango*
mûr *ripe*
se **partager** *to divide*
dehors *outside*
les **environs** (m) *neighborhood*
s' **empresser** *to hasten*
la **nouvelle** *news*

Partage de morts
entre le bon Dieu et Lucifer

Ulysse Pierre-Louis

C'était au temps du vieux Port-au-
Prince.° Le bon vieux temps, disent certains.

Du côté du cimetière, il faisait déjà
noir à six heures du soir. Personne ne
s'aventurait par là à partir de cette heure,
car on racontait mille histoires de zombis
et de loups-garous.°

Un soir, deux mendiants très sales et
faméliques° se sont attardés sous le manguier qui se trouvait près du cimetière.
Ils mangeaient à ventre déboutonné,° il
est vrai, mais ils n'étaient pas encore sa-
tisfaits.

Ils décident d'un commun accord
d'enjamber le mur du cimetière pour continuer à manger, car le manguier qui por-
tait les plus beaux fruits donnait vers le
cimetière dont une partie était pavée de
mangues mûres et, sans doute, appétis-
santes.

Nos mendiants ne demandaient pas
mieux.° Pour partager les mangues impartialement, ils en prenaient à tour de
rôle° en disant à haute voix: " Moins
prend youn,° moins prend youn . . . "

Port-au-Prince *capital
of Haiti*

loups-garous *were-
wolves*

faméliques *starving*

ils...déboutonné *they
gorged themselves
(*ventre *stomach)*

ne...mieux *couldn't
be happier*
à...rôle *each in turn*
moins . . . youn *I take
one*

51

Pourtant, ils n'oubliaient pas qu'ils avaient laissé° dehors deux belles mangues. En sortant, chacun en prendrait° une. Le partage était laborieux et leurs
5 voix faisaient un bruit terrible au cimetière.

À ce moment, quelqu'un qui habitait dans ces environs passait par le cimetière. Les paroles mystérieuses qu'il entendait
10 l'intriguaient. "Moins prend youn, moins prend youn, moins prend youn . . . " Et le passant a conclu:° "Pas de doute, c'est le bon Dieu et Lucifer° qui se partagent les morts."°
15   Il s'est empressé donc d'aller apprendre l'étonnante nouvelle à un ami, qui a voulu entendre de ses propres oreilles et voir de ses yeux. "C'est inouï,° le bon Dieu et Lucifer se partagent les morts."
20   Les deux amis se sont approchés donc du mur du cimetière sur la pointe des pieds.° Le bruit étrange continuait. "Moins prend youn, moins prend youn, moins prend youn . . . "
25   Tout à coup° les voix se sont tues.° Le partage s'est terminé. Mais, un des mendiants, se rappelant les deux mangues laissées dehors, a déclaré, "*Deux* ça qui dehors yo, youn pou ou, youn pou
30 moin."°

En entendant ces paroles les deux curieux croyaient leur vie en danger et ils ont détalé à toutes jambes.°

Le lendemain, tous les habitants des
35 environs du cimetière annonçaient à tout le monde la surprenante nouvelle: "Le bon Dieu et Lucifer se partagent les morts au cimetière."

ils avaient laissé *they had left*
prendrait *would take*

conclu *concluded*
Lucifer *Satan*
les morts *the dead (the passerby thought* youn *meant* âme *soul)*

inouï *extraordinary*

sur . . . pieds *on tiptoe*

tout à coup *suddenly*
se sont tues *grew silent*

Deux . . . moin *Of the two outside, one is for you and one for me*

détalé . . . jambes *ran off as fast as possible*

Chez nous, trop souvent, c'est ainsi que
s'écrit l'Histoire.

Sortilèges afro-haïtiens, 1961

EXERCICES

I

*Relevez dans le texte les adjectifs qui ont la même racine que les mots
suivants*

étonner	appétit
mystère	étranger
	surprendre

II

*Refaites les phrases suivantes en remplaçant les expressions en italique
par une des expressions suivantes.*

de ses propres oreilles	facile
à toutes jambes	c'est inouï
tout à coup	à tour de rôle
laborieux	du côté de

1. *Soudainement* ils ont entendu un grand bruit *près du* cimetière.
2. Ils avaient tellement pour qu'ils ont couru *aussi vite que possible*.
3. En entendant parler du vol à la lune, le vieillard a dit: *"C'est incroyable!"*
4. C'est un travail *très difficile*.
5. Il a voulu entendre l'annonce *lui-même*.

III

A. *Relevez les parties du corps qui sont mentionnées dans le texte. Puis,
trouvez les expressions qui emploient ces termes et faites des phrases.*

B. *Quels mots ou expressions est-ce que l'auteur emploie pour donner
l'impression de vitesse?*

IV

Répondez aux questions suivantes.

1. De quel pays vient cette légende?
2. Pourquoi personne n'allait-il au cimetière le soir?
3. Pourquoi donc les deux mendiants y sont-ils allés?
4. Que faisaient-ils au cimetière?
5. Comment partageaient-ils les fruits?
6. Qui est passé par là pendant qu'ils mangeaient?
7. En écoutant parler les mendiants que pensait le passant?
8. Qu'est-ce qu'il a raconté à son ami?
9. Qu'est-ce que les mendiants ont fait en sortant du cimetière?
10. Savaient-ils qu'il y avait des gens qui les écoutaient?
11. D'après les deux curieux qu'est-ce que les mendiants avaient l'intention de faire? Qu'est-ce qui leur donnait cette impression?

V

Votre point de vue

1. Imaginez ce que les deux curieux ont raconté à leurs amis en rentrant chez eux.
2. Avez-vous peur de passer par un cimetière? Pourquoi? (ou pourquoi pas?)
3. Êtes-vous superstitieux (superstitieuse)?
4. Que veut dire la dernière phrase de la légende que vous venez de lire?

7

VOCABULAIRE À ÉTUDIER

le **mari** *husband*
poser *to ask*
la **bonne humeur** *good mood*
sauf *except for*
avouer *to admit*
moyen *average*
mener *to lead*
attendre *to wait*
le **colis** *package*
chacun *each one*
rater *to miss*
se **plaindre** *to complain*
remplir *to fill*
garder *to keep*
l' **allumette** (f) *match*
renoncer *to give up*
le **poids** *weight*
les **affaires** (f, pl) *business*
gratuit *free*
le **choix** *choice*
vrai *true*

le **foyer** *home*
l' **allocation** (f) *allotment*
la **naissance** *birth*
le **congé** *paid vacation*
  au moins *at least*
les **frais** *cost*
le **patron** *boss*
les **impôts** *taxes*
l' **étranger** (m) *foreigner*

Conversation sur la bureaucratie en France

Madame de. . ., membre de la "bonne société" française à Paris, a invité à dîner un ami de son mari, qui est professeur à l'E.n.a.ᴬ Les enfants en
5 profitent pour lui poser des questions, après dîner, au moment du café et des liqueurs.

Hubert: Monsieur, vous venez de parler de la complexité et des lenteurs°
10 de la bureaucratie. Est-ce pour cela que les fonctionnaires° sont si souvent désagréables?

lenteur   *slowness*

fonctionnaires   *civil employees*

Professeur: C'est vrai que les employés civils ne sont pas toujours de bonne
15 humeur. . . sauf les professeurs, bien entendu!

Dianne: Mais pourquoi? D'un côté, on les respecte et de l'autre, leur poste est permanent!
20 Professeur: Ils ont trop de travail et il faut avouer que la rémunération° des fonctionnaires moyens n'est pas très élevée. La sécurité du travail ne mène pas forcément à la bonne
25 humeur.

rémunération   *salary*

Mme de. . .: À propos de lenteurs! Il a fallu que j'attende une heure à la poste ce matin pour expédier un colis. C'est tout de même un malheur!
30 Professeur: Je sais. . . je sais. . . Je comprends votre impatience, Madame.

C'est la structure sociale française
qui est responsable de cette lenteur.
Vous connaissez le proverbe: "Une
5   place pour chaque chose et chaque
chose à sa place"?[1] Eh bien, de
même que chaque bibelot° chez vous   bibelot   *knick-knack*
a sa place assignée, chaque employé
de la Poste ou d'autres organismes
10   d'État a ses responsabilités bien
définies. S'il a à prendre une décision
qui sort de son domaine, il va
s'adresser à son supérieur immédiat, et
ça prend du temps. Naturellement,
15   cela ne s'applique pas aux hauts
fonctionnaires comme votre mari.

Hubert: Alors, c'est que le système
est trop hiérarchisé!

Monsieur de. . .: Peut-être, mais ne
20   préférez-vous pas que chacun tienne
sa place? Vous avez chacun votre
place dans la société, j'en ai une moi-
même. Ces gens-là connaissent leur
place et ils y restent, "Tout est donc
25   pour le mieux dans le meilleur des
mondes",[2] comme disait Candide.

Professeur: Et pourtant, savez-vous
que la bureaucratie est responsable
de certains de nos avantages sociaux?

30 Dianne: Quels avantages? En France,
l'État contrôle tout: les P.T.T.,ᴬ la
S.n.c.f.,ᴬ la police et même la plupart
des banques. . .

Monsieur de. . .:   Oui, mais ça marche!
35   Par exemple, tu sais bien, Mathilde,

[1] "A place for everything and everything in its place."
[2] "Everything is for the best in the best of all worlds."
Quotation from *Candide* by Voltaire (18th century
writer). Candide is the supreme example of optimism.

que ton colis va arriver demain...
Et dimanche dernier, ton train pour
Strasbourg est parti à l'heure exacte,
n'est-ce pas, Dianne? C'est pour ça
5   que tu l'as raté!
Professeur: Et votre banque, cher ami,
la B.N.P.,▲ elle n'est pas près de faire
faillite!° Vous n'êtes pas d'accord?

faire faillite   *to go
bankrupt*

Monsieur de...:   Mais si, cela va de soi!
10   À moins que la France ne fasse faillite!
De même que, si nous nous plai-
gnons d'avoir à renouveler notre
carte d'identité tous les cinq ans et
d'avoir à la montrer et à remplir
15   une petite fiche chaque fois que nous
descendons à l'hôtel, c'est bien pour
notre protection. La police, qui
garde ces fiches, peut retrouver
n'importe où en France, aussi bien le
20   criminel que l'innocent qui est devenu
amnésiaque!
Madame de...:   Et toi, Hubert, n'as-tu
pas envoyé un pneu▲ ce matin à ta
fiancée à Neuilly? Elle t'as du reste
25   déjà répondu.
Hubert: Oui, mais ça, je l'ai fait parce
que le téléphone ne marchait pas!
Monsieur de...:   Ah, ça, alors, c'est une
autre histoire! Mais le gouvernement
30   nous a promis un service téléphonique
complètement automatisé en 1982.
Hubert: Est-ce qu'il va encore falloir
être sur une liste d'attente° de deux
ans pour obtenir un nouveau

liste d'attente
waiting list

35   téléphone jusqu'en 1982?
Professeur: Je ne pense pas. Du reste,
maintenant, si on achète un nouvel
appartement, il vient avec l'installa-

tion téléphonique. Alors, vous voyez!

Hubert: Eh bien, c'est un progrès! Mais, revenons aux contrôles de l'État. Les industries essentielles, le
5 charbon,° le gaz, les usines Renault, Air France, l'industrie du tabac et des allumettes, l'économie même du pays, tout est nationalisé... et régularisé jusqu'au prix du blé!°

charbon *coal*

blé *wheat*

10 Monsieur de...: Pour ça, historiquement, le gouvernement a toujours fixé le prix du blé pour s'assurer que tous les Français aient du pain à manger tous les jours...

15 Professeur: Vous avez raison, Hubert, le gouvernement est l'employeur le plus important en France, probablement des deux tiers des salariés... Mais la nouvelle politique de
20 décentralisation, de Plans économiques, de planification, des emprunts° possibles pour les gens qui veulent s'installer ailleurs et commencer une nouvelle industrie,
25 montre bien que l'État est prêt à renoncer au poids de conduire les affaires des Français.

emprunt *loan*

Monsieur de...: N'avez-vous pas peur que cette nouvelle politique n'amène
30 une bureaucratie encore plus compliquée?

Professeur: Hélas! Notre démocratie n'est pas parfaite. Nous construisons toujours sur le passé... Mais, prenez
35 notre système judiciaire, il a fait d'immenses progrès depuis Napoléon! Le code civil qui date de 1804 et qui déclarait pour la première fois que

tous les hommes étaient égaux devant
la Loi, a été constamment modifié
et inclut maintenant les mêmes
droits° pour la femme. Et n'oublions   droits *rights*
5 pas l'Éducation Nationale...
Dianne: Bravo pour la liberté et
l'égalité civiles. Mais pourquoi mentionner l'enseignement? Il n'a guère
changé... même après la révolution
10 de Mai, 1968.△
Professeur: Pour la bonne raison qu'il
illustre bien les avantages de notre
système. L'enseignement est gratuit et
ouvert à tout le monde, de la
15 onzième,△ en primaire, au secondaire
et à l'université. Toutes les écoles
suivent les mêmes programmes, selon
le genre d'études, bien sûr, classique,
technique ou autres, ce qui assure à
20 tout le monde des droits égaux à
une éducation de leur choix. Vous en
bénéficiez vous-même, Mademoi-
selle... et il y a eu des changements...
Monsieur de.... Il y a tout de même
25 du bon dans la bureaucratie! C'est
une institution stable qui continue
à fonctionner même pendant les
changements de gouvernement, les
crises politiques et économiques...
30 ce qui était fort utile pendant la 4ᵉ
République...△
Dianne: Maintenant, parlons de la
Sécurité Sociale. N'est-ce pas vrai
qu'elle favorise la mère de famille?
35 Professeur: Sans aucun doute. D'abord,
on estime que le travail à la maison
est un vrai travail. Donc, la femme
au foyer reçoit une allocation.△ Il y

a peu de pays où cela se fait, croyez-
moi!

Madame de...: Et puis, les familles
reçoivent des allocations familiales,
une après chaque enfant à partir du
second. Il y a aussi une allocation à
la maternité. Les ˙crèches° et les
écoles maternelles° sont gratuites.
Cela permet aux Françaises qui le
désirent, d'exercer une profession sans
avoir à payer la garde des enfants.

crèche *day-care center*
école maternelle *nursery school*

Monsieur de...: Tout cela remonte à la
période tout de suite après la guerre,
quand la France était descendue de
45 à 42 million habitants. On a donc
voulu encourager les naissances pour
repeupler le pays, et les allocations
étaient encore plus généreuses que
maintenant.

Professeur: Enfin, de tous les bénéfices,
les plus avantageux: tous les salariés
ont droit à des congés payés d'au
moins quatre semaines, et la Sécurité
Sociale nous rembourse la plus grande
partie de nos frais médicaux...

Dianne: Oui, mais quelles paperasseries°
pour les obtenir!... et qui paie tout
ça?

paperasserie *paper work, red tape*

Professeur: Le salarié contribue environ 6% de son salaire et son patron,
18%.

Dianne: Ce n'est pas mal... Alors,
pourquoi diable est-ce que nous
nous plaignons tout le temps?

Professeur: Oh, vous savez, on se plaint
toujours, on aime critiquer... on dit:
"Vous savez ce qu'ILS viennent de
faire? ILS ont encore augmenté

les impôts. . .". Et ILS, qui est-ce? C'est le gouvernement. C'est nous.

Alors, on aime écouter les chansonniers,° lire le Canard
5 Enchaîné,° qui satirisent le gouvernement, les Français et la France, mais bien sûr, on ne peut souffrir qu'un étranger le fasse!

Mme de. . .: Et après tout, n'est-ce pas
10 qu'on est bien en France?

chansonnier *song writer of satirical songs*
Canard Enchaîné *newspaper writing satirical comments on the government*

EXERCICES

I.

Écrivez des phrases en employant l'expression "il faut" avec les verbes suivants (+ le subjonctif ou l'infinitif).

1. être
2. faire
3. essayer
4. pouvoir
5. venir
6. attendre
7. savoir
8. montrer

II.

Complétez les phrases suivantes par le mot ou les mots convenables.

1. La bureaucratie en France est _____, mais elle a _____ .
2. En France, l'enseignement est _____ ,
3. L'État emploie les _____ des salariés en France.
4. La poste _____, mais le téléphone ne _____ bien.
5. Le gouvernement _____ le prix du _____ chaque année.
6. Le code _____ a déclaré tous les _____ égaux devant la Loi.
7. À la poste, on envoie des _____ et des _____
8. Après dîner, on prend _____ et _____ .
9. Les Français ont 4 semaines de _____ par an.
10. Il y a une place pour chaque _____ .

III.

Donnez les antonymes des mots suivants.

1. agréable
2. patience
3. centralisation
4. facile

5. heureusement
6. inutile
7. emprunt
8. désavantage

IV.

Répondez aux questions suivantes.

1. Pourquoi est-ce que le fonctionnaire n'est pas toujours de bonne humeur?
2. Que fait Madame de. . . à la poste?
3. Nommez des organismes officiels et quelques industries contrôlées par l'État en France.
4. Que fait l'employé de la poste s'il a un problème?
5. Comment marchent les trains en France?
6. Quels avantages est-ce que le système de la Sécurité Sociale offre aux familles françaises?
7. Est-ce que la B.N.P. va faire faillite? Pourquoi?
8. Pourquoi le gouvernement fixe-t-il le prix du blé?

V.

Décidez si les phrases suivantes sont vraies ou fausses.

1. Les employés civils sont bien payés en France.
2. Les professeurs d'université sont indépendants du gouvernement en France.
3. La carte d'identité est nécessaire en France.
4. La Sécurité Sociale ne rembourse pas les femmes pour leur travail à la maison.
5. Les Français acceptent tout ce que le gouvernement fait pour eux.

VI.

Votre point de vue.

1. L'enseignement est-il gratuit dans votre université? Expliquez.
2. Est-ce que vous voulez travailler pour le gouvernement? Dans quelle fonction? Quelle profession voulez-vous exercer? Pourquoi?
3. Y a-t-il des industries nationalisées aux États-Unis?
4. Est-ce que la poste marche bien chez vous? Combien de temps met une lettre pour vous arriver? Combien de temps attendez-vous à la poste pour envoyer une lettre?

8

Jules **Romains** (1885–1972), pseudonyme de Louis Farigoule, a écrit des poèmes, des contes, et des pièces de théâtre au cours de sa longue carrière. Il est surtout connu pour son roman-fleuve *Les Hommes de bonne volonté* qui a 27 volumes et qui retrace la vie sociale, politique, et économique de l'époque 1908 à 1933.

Pendant la Deuxième Guerre Mondiale,△ Romains a vécu aux États-Unis. En 1946 il a été élu à l'Académie Française.△ Il était également Grand Officier de la Légion d'Honneur.△

Parmis ses pièces *Knock, ou le triomphe de la médecine* (1923), est une des plus célèbres. Le docteur Knock est le successeur du docteur Parpalaid qui, au cours de vingt-cinq ans à Saint-Maurice, voyaient peu de clients réguliers. Knock explique que les gens doivent acquérir "l'esprit médical" et reconnaître qu'ils sont déjà malades, même s'ils l'ignorent. Au début de l'Acte II, Knock annonce qu'il va donner des consultations gratuites chaque lundi matin. Il encourage le pharmacien et l'instituteur d'exercer leur influence sur les habitants. Dans la scène 4 il reçoit son premier consultant.

Toujours poli, Knock effraie ses clients avec son jargon scientifique. Il les persuade de se soigner et de le consulter régulièrement. Ses traitements sont souvent longs et coûteux. Au bout de trois mois le pharmacien est plus occupé que jamais et le docteur Knock a réussi à faire fortune et à gagner le respect de tous les habitants du canton.

VOCABULAIRE À ÉTUDIER

respirer *to breathe*

l' **avarice** (f) *stinginess*

prévenir *to advise*

gratuit *free*

la **vache** *cow*

le **boeuf** *ox*

le **taureau** *bull*

la **chèvre** *goat*

le **cochon** *pig*

la **basse-cour** *barnyard*

domestique *servant*

se **soigner** *to take care of*

la **langue** tongue

tousser *to cough*

l' **échelle** (f) *ladder*

percuter *to examine by thumping*

le **dos** *back*

les **reins** (m pl) *kidneys*

ausculter *to listen to (the chest)*

le **mètre** *meter (39.37 in.)*

guérir *to get well*

coûteux *expensive*

le **veau** *calf*

le **pèlerinage** *pilgrimage*

glisser *to slip*

l' **ordonnance** (f) *prescription*

se **passer de** *to do without*

ordonner *to prescribe*

Knock, ou le triomphe de la médecine

Jules Romains

KNOCK, LA DAME EN NOIR

*Elle a quarante-cinq ans et respire
l'avarice paysanne° et la constipation.*

paysanne *country
woman*

KNOCK. – Ah! voici les consultants.
(*À la cantonade*).° Une douzaine, déjà?
Prévenez les nouveaux arrivants qu'après
onze heures et demie je ne puis plus re-
5 cevoir personne, au moins en consultation
gratuite. C'est vous qui êtes la première,
madame? (*Il fait entrer la dame en noir
et referme la porte.*) Vous êtes bien du
canton?

à la cantonade *speak-
ing to someone
offstage*

10 LA DAME EN NOIR. – Je suis de la
commune.

KNOCK. – De Saint-Maurice même?

LA DAME. – J'habite la grande ferme
qui est sur la route de Luchère.

15 KNOCK. – Elle vous appartient?

LA DAME. – Oui, à mon mari et à
moi.

KNOCK. – Si vous l'exploitez° vous-
même, vous devez avoir beaucoup de tra-
20 vail?

exploitez *cultivate*

LA DAME. — Pensez! monsieur, dix-huit vaches, deux bœufs, deux taureaux, la jument° et le poulain,° six chèvres, une bonne douzaine de cochons, sans comp-
5 ter la basse-cour.

KNOCK. — Diable! Vous n'avez pas de domestiques?

LA DAME. — Dame si. Trois valets,° une servante, et les journaliers° dans la
10 belle saison.

KNOCK. — Je vous plains. Il ne doit guère vous rester de temps pour vous soigner?

LA DAME. — Oh! non.

15 KNOCK. — Et pourtant vous souffrez.

LA DAME. — Ce n'est pas le mot. J'ai plutôt de la fatigue.

KNOCK. — Oui, vous appelez ça fati-gue. (*Il s'approche d'elle.*) Tirez la lan-
20 gue. Vous ne devez pas avoir beaucoup d'appétit.

LA DAME. — Non.

KNOCK. — Vous êtes constipée.

LA DAME. — Oui, assez.

25 KNOCK, *il l'ausculte.* — Baissez° la tête. Respirez. Toussez. Vous n'êtes ja-mais tombée d'une échelle, étant petite?

LA DAME. — Je ne me souviens pas.

KNOCK, *il lui palpe° et lui percute le*
30 *dos, lui presse brusquement les reins.* — Vous n'avez jamais mal ici le soir en vous couchant? Une espèce de courbature?

LA DAME. — Oui, des fois.

KNOCK, *il continue de l'ausculter.* —
35 Essayez de vous rappeler. Ça devait être une grande échelle.

LA DAME. — Ça se peut bien.

KNOCK, *très affirmatif.* — C'était une

jument *mare*
poulain *colt*

valets *farmhands*
journaliers *dayworkers*

baissez *lower*

palpe *palpates*

échelle d'environ trois mètres cinquante, posée contre un mur. Vous êtes tombée à la renverse. C'est la fesse° gauche heureusement qui a porté.

5   *LA DAME*. − Ah oui!

    KNOCK. − Vous aviez déjà consulté le docteur Parpalaid?

    LA DAME. − Non, jamais.

    KNOCK. − Pourquoi?

10   *LA DAME*. − Il ne donnait pas de consultations gratuites.

      Un silence.

    KNOCK, la fait asseoir. − Vous vous rendez compte de votre état?

15   *LA DAME*. − Non.

    KNOCK, il s'assied en face d'elle. − Tant mieux. Vous avez envie de guérir, ou vous n'avez pas envie?

    LA DAME. − J'ai envie.

20   *KNOCK*. − J'aime mieux vous prévenir tout de suite que ce sera très long et très coûteux.

    LA DAME. − Ah! mon Dieu! Et pourquoi ça?

25   *KNOCK*. − Parce qu'on ne guérit pas en cinq minutes un mal qu'on traîne depuis quarante ans.

    LA DAME. − Depuis quarante ans?

    KNOCK. − Oui, depuis que vous êtes 30 tombée de votre échelle.

    LA DAME. − Et combien est-ce que ça me coûterait?

    KNOCK. − Qu'est-ce que valent les veaux, actuellement?°

35   *LA DAME*. − Ça dépend des marchés° et de la grosseur. Mais on ne peut guère en avoir de propres° à moins de quatre ou cinq cents francs.

KNOCK. — Et les cochons gras?

LA DAME. — Il y en a qui font plus de mille.

KNOCK. — Eh bien! ça vous coûtera
5 à peu près deux cochons et deux veaux.

LA DAME. — Ah! là là! Près de trois mille francs? C'est une désolation, Jésus Marie!

KNOCK. — Si vous aimez mieux faire
10 un pèlerinage, je ne vous en empêche pas.

LA DAME. — Oh! un pèlerinage, ça revient cher aussi et ça ne réussit pas souvent. (*Un silence.*) Mais qu'est-ce que je peux donc avoir de si terrible que ça?

15 KNOCK, *avec une grande courtoisie.* — Je vais vous l'expliquer en une minute au tableau noir. (*Il va au tableau et commence un croquis.*)° Voici votre moelle épinière,° en coupe, très schéma-
20 tiquement, n'est-ce pas? Vous reconnaissez ici votre faisceau° de Türck et ici votre colonne de Clarke. Vous me suivez? Eh bien! quand vous êtes tombée de l'échelle, votre Türck et votre Clarke ont
25 glissé en sens inverse° (*il trace des flèches de direction*) de quelques dixièmes de millimètres. Vous me direz que c'est très peu. Évidemment. Mais c'est très mal placé. Et puis vous avez ici un tiraille-
30 ment° continu qui exerce sur les multipolaires.

Il s'essuie° les doigts.

LA DAME. — Mon Dieu! Mon Dieu!

KNOCK. — Remarquez que vous ne
35 mourrez pas du jour au lendemain. Vous pouvez attendre.

LA DAME. — Oh! là là! J'ai bien eu du malheur de tomber de cette échelle!

croquis *sketch*
moelle épinière *spinal cord*

faisceau *bundle (of nerves)*

en sens inverse *in the opposite direction*

tiraillement *pulling*

s'essuie *wipes*

KNOCK. — Je me demande même s'il ne vaut pas mieux laisser les choses comme elles sont. L' argent est si dur à gagner. Tandis que les années de vieil-
5 lesse, on en a toujours bien assez. Pour le plaisir qu'elles donnent!

LA DAME. — Et en faisant ça plus ... grossièrement,° vous ne pourriez pas me guérir à moins cher? ... à condition que
10 ce soit bien fait tout de même.

grossièrement *bluntly*

KNOCK. — Ce que je puis vous pro-poser, c'est de vous mettre en observa-tion. Ça ne vous coûtera presque rien. Au bout de quelques jours vous vous
15 rendrez compte par vous-même de la tournure que prendra le mal, et vous vous déciderez.

LA DAME. — Oui, c'est ça.

KNOCK. — Bien. Vous allez rentrer
20 chez vous. Vous êtes venue en voiture?

LA DAME. — Non, à pied.

KNOCK, tandis qu'il redige l'ordon-nance, assis à sa table. — Il faudra° tâcher de trouver une voiture. Vous vous cou-

il faudra *you will have to*

25 cherez en arrivant. Une chambre où vous serez seule, autant que possible. Faites fermer les volets° et les rideaux° pour que la lumière ne vous gêne pas. Défendez qu'on vous parle. Aucune ali-

volets *shutters*
rideaux *curtains*

30 mentation solide pendant une semaine. Un verre d'eau de Vichy° toutes les deux heures, et, à la rigueur, une moitié° de biscuit, matin et soir, trempée° dans un doigt de lait. Mais j'aimerais autant que

eau de Vichy *carbon-ated mineral water*
moitié *half*
trempé *dipped*

35 vous vous passiez de biscuit. Vous ne direz pas que je vous ordonne des remè-des coûteux! À la fin de la semaine, nous verrons comment vous vous sentez.

Si vous êtes gaillarde,° si vos forces et votre gaité sont revenues, c'est que le mal est moins sérieux qu'on ne pouvait croire, et je serai le premier à vous ras-
5 surer. Si, au contraire, vous éprouvez une faiblesse générale, des lourdeurs de tête, et une certaine paresse à vous lever, l'hésitation ne sera plus permise, et nous commencerons le traitement. C'est con-
10 venu?°

    LA DAME, soupirant. — Comme vous voudrez.

    Knock, désignant l'ordonnance. — Je rappelle mes prescriptions sur ce bout de
15 papier. Et j'irai vous voir bientôt. (*Il lui remet l'ordonnance et la reconduit.° À la cantonade.*) Mariette, aidez madame à descendre l'escalier et à trouver une voiture.

20   *On aperçoit quelques visages de consultants que la sortie de la dame en noir frappe de crainte et de respect.*

Knock, ou le triomphe de la médecine, Acte II, Scène IV, 1923

gaillarde *lively*

convenu *decided, agreed*

la reconduit *shows her out*

EXERCICES

I

Donnez le féminin des adjectifs suivants.

grossier	premier
heureux	actuel
coûteux	général

II

Relevez dans le texte les noms de la même famille que les adjectifs suivants.

paresseux vieil
lourd gros
faible

III

Donnez les infinitifs des verbes suivants.

voudrez direz
serez mourrez
irez pourrez
coûterez verrez

IV

Refaites les phrases suivantes en remplaçant les mots en italique par les mots ou expressions indiqués.

1. Il faudra se passer de *café*.
   vin/biscuit/lait/viande
2. Il vaut mieux *consulter le docteur*.
   laisser les choses comme elles sont/suivre ses conseils/ouvrir les volets/commencer le traitement
3. A-t-elle envie de *rester au lit?*
   vendre une vache/faire un pèlerinage/prendre une voiture/guérir
4. Elle ne se rend pas compte de *son état*.
   la grosseur de ce cochon/ce qui lui est arrivé/ce qu'il lui ordonne/ la valeur des veaux

V

Répondez aux questions suivantes.

1. Pouquoi y a-t-il tant de monde chez le docteur?
2. Quel genre de travail la dame en noir fait-elle?

3. De quoi se plaint-elle?
4. Comment le docteur explique-t-il sa maladie?
5. Combien la dame devra-t-elle payer au docteur pour la guérir?
6. Comment calcule-t-il cette somme?
7. Qu'est-ce que c'est qu'un pèlerinage? *Pilgrimmages don't work*
8. Pourquoi la dame n'accepte-t-elle pas cette suggestion?
9. Qu'est-ce que le docteur lui propose enfin? *Elles ne marchent pa[s]*
10. Qu'est-ce qu'elle doit faire pendant une semaine?
11. Pourquoi le docteur lui propose-t-il ce régime?
12. Qu'est-ce qu'elle doit faire à la fin de la semaine?

VI

Votre point de vue

1. Si elle suit le régime que le docteur lui a prescrit, est-ce que la dame reprendra ses forces? Expliquez votre réponse.
2. Quelle impression le docteur Knock fait-il sur vous? Justifiez votre réponse.
3. Quelle est votre attitude envers le médecin que vous consultez?

9

VOCABULAIRE À ÉTUDIER

le **tableau** *painting*
la **peinture** *painting*
parmi *among*
rompre *to break with*
l' **herbe** (f) *grass*
nu *naked*
entourer *to surround*
vif *brilliant*
l' **atelier** (m) *studio, workshop*
la **joie de vivre** *joy of living*
triste *sad*
la **mort** *death*
la **maladie** *sickness*
la **pauvreté** *poverty*
les **gens** (m) *people*
s' **amuser** *to have fun*
le **bord** *edge*

la **plage** *beach*

l' **éclairage** (m) *lighting*

en plein soleil *in bright sunlight*

la **feuille** *leaf*

quotidien *daily*

la **voie** *the way*

De l'impressionnisme

Dans un cours sur l'art contemporain,
le sujet, aujourd'hui porte sur
l'Impressionisme.ᴬ Le professeur illustre
sa conférence avec des diapositives°   diapositive *slide*
5 de tableaux représentatifs de cette école
française de la fin du 19ᵉ siècle.

—Comme vous allez le voir, les
Impressionnistes ont une importance
capitale dans l'évolution de l'école
10 française de peinture. Quels étaient
ces peintres que le monde entier admire
encore aujourd'hui? Parmi les plus
connus, nous allons étudier Monet,
Renoir, Degas, Pissaro, Morisot, Sisley
15 et Cassatt. Ils ne sont pas les seuls de
cette école, dite.° Impressionniste, mais,   dite *so-called*
à mon avis, ce sont les plus importants.

Mais, pour commencer, je veux vous
parler d'Édouard Manet, qui est consi-
20 déré comme le premier des grands
peintres modernes. Il a eu une profonde
influence sur les Impressionnistes qui
l'ont suivi. Sa plus grande contribution
a été de rompre avec les techniques
25 traditionnelles des romantiques, l'ombre°   ombre *shadow*
conventionnelle et le dramatique théâtral
des peintres comme le grand Delacroix.
Regardez, par exemple, le "Déjeûner
sur l'herbe" de Manet. Le sujet de ce
30 tableau a profondément choqué les
critiques à l'exposition du Salon° de   salon *major art exhi-*
1863 à Paris: deux hommes en vêtement   *bition of Paris*

d'époque° sont assis sur l'herbe avec une femme nue! Et de plus, Manet représente ses modèles et la nature qui les entoure avec des couleurs vives et 5 pleines de contrastes, ce qui rend ce tableau très réaliste.

C'est au moment de cette même exposition que d'autres jeunes peintres se sont groupés en "société anonyme 10 coopérative. . ." dans l'atelier du photographe Nadar. Ils avaient découvert qu'ils avaient, eux aussi, quelque chose de nouveau à offrir au monde artistique. Mais le public et les critiques les ont 15 fort mal reçus. . . en particulier à l'exposition de 1874, où s'étaient présentés Monet, Renoir, Degas, Pissarro, Morisot, Cézanne, Sisley, Cassatt, et d'autres. . . Le tableau "Impression, 20 soleil levant" de Claude Monet a été particulièrement attaqué. L'un des critiques a qualifié les exposants, par dérision,° d'"impressionnistes," et c'est de là que le mouvement a trouvé son 25 nom.

Considérons leur style: tout d'abord les thèmes. . .

L'art des Impressionnistes est celui de la joie de vivre. Il n'y a rien de triste 30 chez eux, aucune représentation de la mort, de la maladie ou de la pauvreté. Leurs modèles sont des gens qui s'amusent dans les cafés, qui font une promenade en bateau (Monet: "La 35 Grenouillère"), qui vont au bal ou au bord de la mer (Monet: "Terrasse à Sainte-Adresse"). Ils semblent libres, heureux, pleins de vie. Tout est spontané

vêtement d'époque
period dress

par dérision   *mockingly*

et naturel. Ces sujets ont du reste été repris par Renoir et Degas, deux individualistes chacun dans leur genre, dont je parlerai tout à l'heure.

5 Quant à leur technique, elle consiste en une étude des jeux de lumière. Une de leurs préoccupations a été de saisir° les objets à différents moments de la journée. Ils ont quitté leurs ateliers 10 pour peindre dans la nature même, la forêt de Fontainebleau, les bords de la Seine, les plages de la Manche. Ils ont donc abandonné les lignes, les formes et les surfaces bien définies pour le jeu 15 des apparences colorées, en peignant par petites touches.° Ces touches inégales forment une impression d'ensemble, qui compte bien plus que les détails. D'où vient le terme d'Impressionnisme.

20 Claude Monet a véritablement été le père des Impressionnistes. C'est lui qui a le plus exploité les effets de lumière. Par exemple, il a peint le même sujet à plusieurs reprises° à des heures différentes 25 de la journée. Il a ainsi montré que les objets changent d'apparence selon l'éclairage. Cette diapositive nous présente une de ses "Cathédrale de Rouen", celle-ci peinte en plein soleil. 30 D'autres tableaux de cette même façade la montre avec des effets de lumière différents.

Maintenant, regardez "La Grenouillère" de Renoir.... et "Le Moulin 35 de la Galette". Ici, les taches de couleurs éclatantes expriment sa joie de vivre, à travers les formes. On peut suivre les lignes des feuilles des arbres, des chaises

saisir   *to seize*

touche   *touch*

plusieurs reprises
many times

et des canotiers° des messieurs. Renoir, canotiers *straw hats*
lui aussi, a donc bien contribué au
groupe de Manet, quoiqu'il s'en soit
séparé plus tard pour développer sa
5 propre technique.

Edgar Degas (ici, son "Café Concert")
est surtout célèbre pour ses scènes de
ballet (voyez là, "Fin d'une arabesque"),
où il saisit un geste ou un mouvement
10 plutôt qu'un jeu de lumière. De là,
son isolement au sein de l'Impressionnisme.

Je mentionnerai les autres peintres
qui ont participé à ce mouvement:
15 Camille Pissarro, connu pour ses
paysages et ses scènes rustiques, comme
ce "Printemps à Pontoise"; Alfred
Sisley, Français d'origine anglaise, autre
paysagiste d'une grande sensibilité (voici
20 son "Inondation à Port-Marly"); sans
oublier Berthe Morisot, dont les tableaux
montrent une grande maîtrise° des maîtrise *mastery*
couleurs et des techniques. Elle s'est
spécialisée dans les scènes domestiques,
25 et ses figures d'enfants ont un charme
et une fraîcheur° exceptionnels (voici faîcheur *freshness*
son "Berceau"); finalement, Mary
Cassatt, d'origine américaine, qui a été
influencée par Degas, mais dont les
30 sujets représentent surtout des scènes
de la vie familiale où les enfants jouent
un rôle important (celui-ci est intitulé
"Mère et enfant").

Vous êtes peut-être surpris que je
35 n'aie pas parlé de Cézanne. Influencé
par Pissarro, il a fait partie du mouvement. Mais cela lui a pris du temps pour
se trouver lui-même. Son style est

différent de celui de ses collègues, en (cela) que sa vision était plus cérébrale qu'intuitive. Ses paysages de la montagne Sainte-Victoire (en voilà un de 1904),
5 qui est son sujet favori en Provence, montrent une recherche plus approfondie° de l'espace.° Ses touches sont plus larges pour lui permettre de rendre les masses des montagnes qu'il
10 choisit comme sujets. Le Fauvisme△ et le Cubisme△ lui sont largement redevables.°

En conclusion, l'Impressionnisme a marqué un tournant° extrêmement important dans l'histoire de la peinture
15 française. Ces artistes ont renoncé° aux couleurs sombres des romantiques, pour découvrir les couleurs primaires et la nature telle qu'elle nous apparaît sous toutes ses facettes. Ils ont
20 abandonné les sujets historiques pour se concentrer sur la vie quotidienne.

Ils ont ainsi montré la voie aux peintres modernes, les Toulouse-Lautrec, Gauguin, Van Gogh, Matisse et
25 Picasso même... Mais je m'arrête... C'est là l'objet de ma prochaine conférence.

Au revoir, Mesdemoiselles, Messieurs. . . .

plus approfondie *deeper*
espace *space*

redevable *indebted*

tournant *turning point*

renoncé *gave up*

EXERCICES

I.

Complétez les phrases suivantes avec le mot ou les mots qui conviennent.

1. Les Impressionnistes ont quitté leurs _____ pour peindre la nature.
2. Leur technique est une étude des jeux _____ .
3. C'est l'impression _____ qui compte plus que _____ .
4. Monet était le véritable _____ des Impressionnistes.
5. Les Impressionnistes ont surtout employé des couleurs _____ .
6. La contribution de Manet a été de _____ avec la peinture traditionnelle.

II.

Décidez si les phrases suivantes sont vraies ou fausses. Discutez votre réponse.

1. L'Impressionnisme est une école de peinture de la fin du 18e siècle.
2. Berthe Morisot est célèbre pour ses scènes de ballet.
3. Édouard Manet est considéré comme le premier grand peintre moderne.
4. Le "Déjeûner sur l'herbe" est un tableau à thème traditionnel.
5. Chez les Impressionnistes, tout est spontané et naturel.
6. Les Impressionnistes ont insisté sur les lignes, les formes et les surfaces bien définies.

III.

Employez les mots suivants dans une phrase originale.

1. l'exposition
2. rompre
3. le critique
4. la touche
5. la lumière
6. le public

IV.

Donnez des mots de la même famille que les mots suivants.

1. la peinture
2. sensible
3. le paysage
4. l'art

5. premier
6. tourner
7. histoire
8. frais

V.

Répondez aux questions suivantes.

1. Nommez les Impressionnistes les plus importants.
2. À quelle époque l'Impressionnisme s'est-il développé?
3. Pourquoi Manet est-il important dans l'histoire de la peinture?
4. Pourquoi est-ce que le "Déjeuner sur l'herbe" a choqué les critiques?
5. Quelle est la date de la première exposition des Impressionnistes?
6. Comment est-ce que ces jeunes peintres ont été reçus?
7. D'où vient le terme "Impressionnisme"?
8. Quels sont les thèmes qui caractérisent les tableaux impressionnistes?
9. Quelle est l'innovation la plus importante des Impressionnistes?
10. Pourquoi ces peintres ont-ils quitté leurs ateliers?
11. Qui était le chef des Impressionnistes?
12. Quels étaient les thèmes préférés de Berthe Morisot et de Mary Cassatt?
13. Quels étaient les sujets favoris de Pissarro et de Sisley?
14. Pourquoi est-ce que les Impressionnistes sont importants dans l'évolution de la peinture en France?

VI.

Votre point de vue.

1. Quels peintres américains connaissez-vous? À quelles écoles appartiennent-ils?
2. Quels musées avez-vous visité? Qu'est-ce que vous y avez vu?
3. Quel est votre peintre préféré, et pourquoi?
4. Avez-vous peint vous-même? Quel style avez-vous adopté?

10

Camara Laye (1928 –) est considéré comme un des meilleurs écrivains africains d'expression française. Il est né à Kouroussa, en Guinée, qui faisait partie autrefois (de 1895 à 1958) de l'Afrique occidentale française. Sa famille était musulmane malinkée. Les Malinkés appartiennent à un groupe ethnique de l'intérieur de Guinée. Ils ont joué un rôle important dans l'ancien Empire du Mali. Son père, qu'il admirait énormément, était un forgeron et un habile ciseleur d'or.

Dans son premier roman, *L'Enfant noir*, Camara Laye évoque avec affection son enfance et sa jeunesse, sa famille, et les traditions religieuses et culturelles de son pays et de son village. Tout comme le jeune étudiant de son histoire, Laye a fait ses études à l'école coranique à Kouroussa. Ensuite il a passé quatre ans comme boursier au collège technique de Conakry, la capitale de la Guinée. Il est sorti premier de sa promotion et ingénieur en aéronautique. Dans cet extrait, tiré du dernier chapitre du roman, le jeune homme quitte son pays natal pour continuer ses études en France.

À Paris, Laye étudiait le soir et travaillait le jour pour gagner sa vie. Il a commencé à écrire ces souvenirs de sa jeunesse quand il était seul dans sa chambre d'étudiant pauvre. Quand il est rentré en Afrique quelques années plus tard, il était déjà un écrivain renommé. Il a reconnu que la vie telle qu'il l'avait connue n'existait plus et que le portrait qu'il

avait tracé de son pays natal "ne serait pas celui de la Guinée de demain."
Son destin à lui est dans l'exil.

VOCABULAIRE À ÉTUDIER

      gonflé *bursting*
      chaleureux *warm*
se **réjouir** *to rejoice*
      achever *to complete*
s' **écrier** *to cry out*
la **bourse** *scholarship*
les **frais** (m) *expenses*
      broyer *to grind*
le **pilon** *pestle*
      ingrat *ungrateful*
      serrer *to hold tight*
l' **engrenage** (m) *gears of a machine*
la **roue** *wheel*
      sangloter *to sob*

L'Enfant noir

Camara Laye

L'année où je regagnai° Kouroussa,°
mon certificat d'aptitude professionnelle°
dans ma poche et, j'en fais l'aveu,° un
peu bien gonflé de mon succès, je fus°
5 évidemment reçu à bras ouverts; reçu
comme je l'étais à chaque fin d'année
scolaire à vrai dire: avec les mêmes transports,° la même chaleureuse affection;
[. . .] tandis que mes parents me pres-
10 saient sur leur cœur, tandis que ma mère
se réjouissait peut-être plus de mon retour que du diplôme conquis,° je n'avais
pas trop bonne conscience, et spécialement vis-à-vis de ma mère.
15 C'est qu'avant mon départ de Conakry,° le directeur de l'école m'avait fait
appeler et m'avait demandé si je voulais
aller en France pour y achever mes études.
J'avais répondu oui d'emblée° — tout
20 content, j'avais répondu oui! — mais je
l'avais dit sans consulter mes parents,
sans consulter ma mère. [. . .] Mais
qu'allaient dire mes parents, et ma mère
plus particulièrement? [. . .] J'attendis
25 [. . .] et puis je m'écriai, — je m'écriai
comme si la nouvelle devait ravir tout le
monde:

je regagnai *I returned*
Kouroussa *village in
the interior of Guinea
(birthplace of Camara
Laye)*
certificat . . . profession-
nelle *diploma from a
vocational school*
j'en . . . l'aveu *I admit*
je fus *I was*
transports *rapture*

conquis *won*

Conakry *capital of
Guinea*

d'emblée *right away*

— Et ce n'est pas tout: le directeur se propose de m'envoyer en France!

— En France? dit ma mère.

Et je vis° son visage se fermer.

5 — Oui. Une bourse me sera attribuée; il n'y aura aucun frais pour vous.

— Il s'agit bien de frais! dit ma mère. Quoi! tu nous quitterais encore?

— Mais je ne sais pas, dis-je.

10 Et je vis bien — et déjà je me doutais bien° — que je m'étais fort avancé, fort imprudemment avancé en répondant « oui » au directeur.

— Tu ne partiras pas! dit ma mère.

15 — Non, dis-je. Mais ce ne serait pas pour plus d'une année.

— Une année? dit mon père. Une année, ce n'est pas tellement long.

— Comment? dit vivement ma mère.

20 Une année, ce n'est pas long? Voilà quatre ans que notre fils n'est plus jamais près de nous, sauf pour les vacances, et toi, tu trouves qu'une année ce n'est pas long?

25 — Eh bien … commença mon père.

— Non! non! dit ma mère. Notre fils ne partira pas! Qu'il n'en soit plus question!°

— Bon, dit mon père; n'en parlons 30 plus. Aussi bien cette journée est-elle la journée de son retour et de son succès: réjouissons-nous! On parlera de tout cela plus tard. […]

Tard dans la soirée, quand tout le 35 monde fut couché, j'allai rejoindre mon père sous la véranda de sa case:° le directeur m'avait dit qu'il lui fallait, avant de faire aucune démarche,° le consentement officiel de mon père et que ce consentement devrait lui parvenir dans le plus bref délai.

— Père, dis-je, quand le directeur m'a proposé de partir en France, j'ai dit oui.

— Ah! tu avais déjà accepté?

— J'ai répondu oui spontanément. Je n'ai pas réfléchi, à ce moment, à ce que mère et toi en penseriez.

— Tu as donc bien envie d'aller là-bas? dit-il.

— Oui, dis-je. Mon oncle Mamadou m'a dit que c'était une chance unique.

— Tu aurais pu aller° à Dakar;° ton oncle Mamadou est allé à Dakar.

— Ce ne serait pas la même chose.

— Non, ce ne serait pas la même chose . . . Mais comment annoncer cela à ta mère?

— Alors tu acceptes que je parte? m'écriai-je.

— Oui . . . oui, j'accepte. Pour toi, j'accepte. Mais tu m'entends: pour toi, pour ton bien!

Et il se tut° un moment.

— Vois-tu, reprit-il,° c'est une chose à laquelle j'ai souvent pensé. J'y ai pensé dans le calme de la nuit et dans le bruit de l'enclume.° Je savais bien qu'un jour tu nous quitterais: le jour où tu as pour la première fois mis le pied à l'école, je le savais. Je t'ai vu étudier avec tant de plaisir, tant de passion . . . Oui, depuis ce jour-là, je sais; et petit à petit, je me suis résigné.

— Père! dis-je.

— Chacun suit son destin, mon petit; les hommes n'y peuvent rien changer.

tu . . . aller *you could have gone*

Dakar *capital of Senegal*

il se tut *he grew silent*
reprit-il *he resumed*

enclume *anvil*

Tes oncles aussi ont étudié. Moi — mais
je te l'ai déjà dit: je te l'ai dit, si tu te
souviens quand tu es parti pour Conakry
— moi, je n'ai pas eu leur chance et
5 moins encore la tienne . . . Mais maintenant que cette chance est devant toi, je
veux que tu la saisisses; tu as su saisir la
précédente, saisis celle-ci aussi, saisis-la
bien! Il reste dans notre pays tant de
10 choses à faire . . . Oui, je veux que tu
ailles en France; je le veux aujourd'hui
autant que toi-même : on aura besoin
ici sous peu d'hommes comme toi . . .
Puisses-tu ne pas nous quitter pour trop
15 longtemps! . . .

Nous demeurâmes° un long bout de
temps sous la véranda, sans mot dire et à
regarder la nuit; et puis soudain mon
père dit d'une voix cassée:

20 — Promets-moi qu'un jour tu revien-
dras?

— Je reviendrai! dis-je.

— Ces pays lointains . . . dit-il lentement.

25 Il laissa sa phrase inachevée;° il continuait de regarder la nuit. Je le voyais,
à la lueur de la lampe-tempête,° regarder
comme un point dans la nuit, et il fron-
çait les sourcils comme s'il était mécon-
30 tent ou inquiet de ce qu'il y découvrait.
[. . .]

Le lendemain, j'écrivis° au directeur
que mon père acceptait. [. . .] Puis je
voyageai dans la région. J'avais reçu un
35 libre-parcours° et je prenais le train aussi
souvent que je voulais. Je visitai les villes
proches; j'allai à Kankan° qui est notre
ville sainte. Quand je revins,° mon père

demeurâmes *we remained*

inachevée *unfinished*

lampe-tempête *hurricane lamp*

j'écrivis *I wrote*

libre-parcours *pass*

Kankan *city in Guinea east of Kouroussa*
je revins *I came back*

me montra la lettre que le directeur du collège technique lui avait envoyée. Le directeur confirmait mon départ et désignait l'école de France où j'entrerais; l'école était à Argenteuil.

— Tu sais où se trouve Argenteuil? dit mon père.

— Non, dis-je, mais je vais voir.

J'allai chercher mon dictionnaire et je vis qu'Argenteuil n'était qu'à quelques kilomètres de Paris.

— C'est à côté de Paris, dis-je.

Et je me mis à° rêver à Paris,: il y avait tant d'années qu'on me parlait de Paris! Puis ma pensée revint° brusquement à ma mère.

— Est-ce que ma mère sait déjà? dis-je.

— Non, dit-il. Nous irons ensemble le lui annoncer.

— Tu ne voudrais pas le lui dire seul?

— Seul? Non, petit. Nous ne serons pas trop de deux! Tu peux m'en croire.

Et nous fûmes° trouver ma mère. Elle broyait le mil pour le repas du soir. Mon père demeura un long moment à regarder le pilon tomber dans le mortier:° il ne savait trop par où commencer; il savait que la décision qu'il apportait ferait de la peine à ma mère, et il avait, lui-même, le cœur lourd; et il était là à regarder le pilon sans rien dire; et moi, je n'osais pas lever les yeux. Mais ma mère ne fut° pas longue à pressentir la nouvelle : elle n'eut qu'à° nous regarder et elle comprit° tout ou presque tout.

— Que me voulez-vous? dit-elle. Vous voyez bien que je suis occupée!

Et elle accéléra la cadence du pilon.

je me mis à *I began to*

revint *returned*

nous fûmes *we went*

mortier *mortar*

oser = *to dare*

fut *was*

elle n'eut qu'à *she had only to*
comprit *understood*

— Ne va pas si vite, dit mon père. Tu te fatigues.

— Tu ne vas pas m'apprendre à piler le mil? dit-elle.

5 Et puis soudain elle reprit° avec force:

— Si c'est pour le départ du petit en France, inutile de m'en parler, c'est non!

— Justement, dit mon père. Tu parles sans savoir : tu ne sais pas ce qu'un tel 10 départ représente pour lui.

— Je n'ai pas envie de le savoir! dit-elle.

Et brusquement elle lâcha° le pilon et fit un pas° vers nous.

— N'aurai-je donc jamais la paix? dit-15 elle. Hier, c'était une école à Conakry; aujourd'hui, c'est une école en France; demain . . . Mais que sera-ce demain? C'est chaque jour une lubie° nouvelle pour me priver de mon fils! . . . Ne te 20 rappelles-tu déjà plus comme le petit a été malade à Conakry? Mais toi, cela ne te suffit pas : il faut à présent que tu l'envoies en France! Es-tu fou? Ou veux-tu me faire devenir <u>folle</u>? Mais sûrement 25 je finirai par devenir folle! . . . Et toi, dit-elle en s'adressant à moi, tu n'es qu'un ingrat! Tous les prétextes te sont bons pour fuir ta mère! Seulement, cette fois, cela ne va plus se passer comme 30 tu l'imagines : tu resteras ici! Ta place est ici! . . . Mais à quoi pensent-ils dans ton école? Est-ce qu'ils se figurent que je vais vivre ma vie entière loin de mon fils? Mourir loin de mon fils? Ils n'ont donc 35 pas de mère, ces gens-là? Mais naturelle-ment ils n'en ont pas: ils ne seraient pas partis si loin de chez eux s'ils en avaient une! [. . .]

elle reprit *she resumed*

elle lâcha *dropped*
fit un pas *moved*

lubie *whim*

Et puis elle baissa le regard, de nouveau elle regarda mon père:

— Qui permettrait cela? Tu n'as donc
pas de cœur?

5   — Femme! femme! dit mon père.
Ne sais-tu pas que c'est pour son bien?

— Son bien? Son bien est de rester
près de moi! N'est-il pas assez savant
comme il est?

10   — Mère . . . commençai-je.
Mais elle m'interrompit violemment :

— Toi, tais-toi! Tu n'es encore qu'un
gamin de rien du tout! Que veux-tu aller
faire si loin? Sais-tu seulement comment
15 on vit° là-bas? . . . Non, tu n'en sais rien!
Et, dis-moi, qui prendra soin de toi? Qui
réparera tes vêtements? Qui te préparera
tes repas?

— Voyons, dit mon père, sois raison-
20 nable: les Blancs ne meurent pas de faim!

— Alors tu ne vois pas, pauvre insensé,
tu n'as pas encore observé qu'ils ne man-
gent pas comme nous? Cet enfant tom-
bera malade, voilà ce qui arrivera! Et
25 moi alors, que ferai-je? Que deviendrai-
je? Ah! j'avais un fils, et voici que je
n'ai plus de fils!

Je m'approchai d'elle, je la serrai contre
moi.

30   — Éloigne-toi! cria-t-elle. Tu n'es plus
mon fils!

Mais elle ne me repoussait pas : elle
pleurait et elle me serrait étroitement
contre elle.

35   — Tu ne vas pas m'abandonner, n'est-
ce pas? Dis-moi que tu ne m'abandon-
neras pas?

Mais à présent elle savait que je parti-

on vit   *people live*

rais et qu'elle ne pourrait pas empêcher
mon départ, que rien ne pourrait l'empêcher; sans doute l'avait-elle compris dès
que nous étions venus à elle : oui, elle
5 avait dû voir° cet engrenage qui, de l'é-
cole de Kouroussa, conduisait à Conakry
et aboutissait° à la France; et durant tout
le temps qu'elle avait parlé et qu'elle
avait lutté, elle avait dû regarder tourner
10 l'engrenage : cette roue-ci et cette roue-là
d'abord, et puis cette troisième, et puis
d'autres roues encore, beaucoup d'autres
roues peut-être que personne ne voyait.
Et qu'eût-on fait° pour empêcher cet en-
15 grenage de tourner? On ne pouvait que°
le regarder tourner, regarder le destin
tourner : mon destin était que je parte!
Et elle dirigea sa colère — mais déjà ce
n'était plus que des lambeaux° de colère
20 — contre ceux qui, dans son esprit, m'en-
levaient à elle une fois de plus :

— Ce sont des gens que rien jamais ne
satisfait, dit-elle. Ils veulent tout! Ils ne
peuvent pas voir une chose sans la vou-
25 loir.

— Tu ne dois pas les maudire,° dis-je.

— Non, dit-elle amèrement, je ne les
maudirai pas.

Et elle se trouva enfin à bout de co-
30 lère; elle renversa la tête contre mon
épaule et elle sanglota bruyamment.°
Mon père s'était retiré. Et moi, je serrais
ma mère contre moi, j'essuyais ses larmes,
je disais . . . que disais-je? Tout et n'im-
35 porte quoi,° mais c'était sans importance :
je ne crois pas que ma mère comprît° rien
de ce que je disais; le son seul de ma
voix lui parvenait, et il suffisait : ses san-

Marginal glosses:

elle ... voir *she must have seen*

aboutissait *ended*

elle ... regarder *she must have seen*

qu'eût-on fait *what could have been done*
on ... que *one could only*

lambeaux *shreds*

maudire *to curse*

bitterly

sob
bruyamment *loudly*

n'importe quoi *anything*
comprît *understood*

profiter de = approcha   un emprunt = un prêt (loan

les fonctionnaires = les employés civils   à avoir avec x = <s>tener</s> que on con

être de bonne humeur

Dé un côté ... et de l'autre

la lenteur

à propos de quelquechose

il a fallu que ...

l' hiérarchie (f)

pourtant = nonetheless / however / no obstante

la plupart de(s) quelquechose

le colis = package

le chemin = petite rue

rester (un train) = to miss

faire faillite = to go bankrupt

se plaindre de = to complain   je me plains   nous nous plaignons

                         tu te plains

remplir une fiche = to fill out a form

un pneu = tire

glots petit à petit s'apaisaient, s'espa-
çaient° . . .

    C'est ainsi que se décida mon voyage
c'est ainsi qu'un jour je pris° l'avion pour
5 la France. Oh! ce fut° un affreux déchirement!° Je n'aime pas m'en souvenir.
J'entends encore ma mère se lamenter, je
vois mon père qui ne peut retenir ses
larmes, je vois mes sœurs, mes frères . . .
10 Non, je n'aime pas me rappeler ce que
fut ce départ : je me trouvai comme arra-
ché° à moi-même! [. . .]

s'espaçaient *became
less frequent*

je pris *took*

ce fut *was*

déchirement *wrench*

arraché *torn*

L'Enfant noir, 1953

EXERCICES

I

*Relevez dans la colonne B les synonymes pour les mots ou expressions
de la colonne A.*

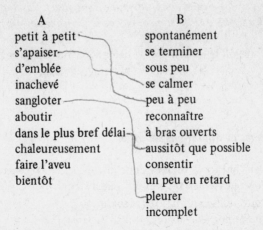

A	B
petit à petit	spontanément
s'apaiser	se terminer
d'emblée	sous peu
inachevé	se calmer
sangloter	peu à peu
aboutir	reconnaître
dans le plus bref délai	à bras ouverts
chaleureusement	aussitôt que possible
faire l'aveu	consentir
bientôt	un peu en retard
	pleurer
	incomplet

II

se sentir = to feel feelings [handwritten]
sentir = to feel things outside the self [handwritten]

Donnez les adverbes qui ont la même racine que les noms suivants.

bruit	évidence
violence	spontanéité
	imprudence

III

Refaites les phrases ci-dessous en remplaçant les mots en italique par des antonymes choisis de la liste suivante.

se réjouir	ravir	empêcher
achever	proche	se souvenir de
aboutir	repousser	accepter

1. La mère *a serré* son fils *contre elle*.
2. Je ne *permettrai* pas qu'il parte.
3. Il passait son temps à visiter les villes *lointaines*.
4. Cette nouvelle me *déplaît*.
5. Il veut *oublier* le jour de son départ.
6. Beaucoup de jeunes Africains vont *commencer* leurs études à l'étranger.
7. C'est le jour de son retour. *Ne nous lamentons pas*.

IV

Employez les expressions suivantes dans des phrases pour indiquer la réaction du père et de la mère envers la décision de leur fils.

avoir le cœur lourd	ne pas pouvoir retenir ses larmes
froncer les sourcils	se fermer le visage

V

Répondez aux questions suivantes.

1. Dans quel pays se passe cette histoire? Où est ce pays?
2. Pourquoi le narrateur était-il allé à Conakry?
3. Pourquoi se sent-il si <u>fier</u> à son retour? *proud* [handwritten]
4. Quelle nouvelle annonce-t-il à ses parents?

5. Pourquoi dit-il qu'il n'a pas trop bonne conscience?
6. Pourquoi son père, lui, accepte-t-il le départ de son fils?
7. Que fait le jeune homme en attendant la réponse du directeur?
8. Pourquoi sa mère l'appelle-t-elle "un ingrat?"
9. Comment la mère envisage-t-elle ia vie de son fils en France?
10. Croit-elle qu'elle puisse vraiment empêcher son départ?
11. Pourquoi le jeune homme n'aime-t-il pas se souvenir du jour de son départ?
12. Qu'a-t-il promis à ses parents?
13. Est-ce que le père est tout à fait content du départ de son fils? Justifiez votre réponse d'après le texte.
14. Expliquez "l'engrenage" qui semble gouverner le destin du jeune homme.

VI

Votre point de vue

1. Si vous demandiez à vos parents de vous permettre de continuer vos études à l'étranger ou dans une ville lointaine, que diraient-ils? Comment pourriez-vous justifier votre demande?
2. Connaissez-vous des étudiants (étudiantes) étrangers (étrangères)? Pourquoi ont-ils (elles) quitté leur pays? Ont-ils (elles) l'intention d'y retourner?
3. En réfléchissant à votre famille, quelles différences voyez-vous dans l'attitude de votre père et de votre mère envers vous?

Glossary of
Literary and Cultural Terms

L'Académie Française   Founded in 1635 by Cardinal Richelieu, it is limited to forty members, often called the "forty immortals," of eminence in the arts and sciences as well as in diplomatic, military and religious life.

L'Allocation   Allowance given by the government to wife for household expenses, maternity and child-rearing.

B.N.P.   Banque Nationale de Paris

Caraïbes, Iles   Carribbean Islands

La Côte d'Ivoire   Ivory Coast (Africa)

Cubisme   Art style popular from 1910-1930 which simplified art into geometric forms.

Département   An administrative division. France is divided into 96 *départements* plus the *départements d'Outre-Mer*. Each *département* is represented in the *Assemblée Nationale* by a *député*, who is elected by direct popular vote. The administrative head of each *département* is called a *préfet*.

Député   Member of the *French Parlement*. The *députés* are elected for five year terms by direct popular vote and represent their respective *départements*.

La Deuxième Guerre Mondiale   World War II (1939-45) Launched in 1939 following the German invasion of Poland, it pitted the Allied forces of the United States, Great Britain, France and the Soviet Union against Germany, Italy and Japan. In June 1940, Maréchal Pétain, French chief of State, capitulated to the advancing German troops. The surrendered government was located in Vichy (hence the name *Governement de Vichy*) for the remainder of the war. The French underground was very active during the German occupation and Charles de Gaulle, head of the Free French movement, broadcasted support to his fellow "*résistance*" members from his base in London.

E.N.A.   L'École nationale d'administration was created in 1945 in Paris. The school is roughly equivalent to a high caliber government training school. The entrance examination is one of the hardest within the French school system, and its graduates, often called *les Mandarins*, are found in the highest government posts. Valéry Giscard d'Estaing is a graduate of the *E.N.A.*

Francophone   Les *pays francophones* are the countries in which French is the official language. There are many countries worldwide where French is the major language. Some of these have been under French influence in the past (Belgium, Switzerland and Canada); others are former French colonies (Algeria, independent since 1962, the Ivory Coast, independent since 1960, Haiti, independent since 1804); still others are former colonies which are now French protectorates (Martinique, Guadeloupe). The latter are called the *départements d'outre-mer*. Many other countries in Africa (Senegal, Tchad, etc.) and in the Middle East (Syria, Lebanon, etc.) are also francophone.

Hectare   see **Système Métrique**

Hexagone   France is often called a *hexagone* because when one connects the natural boundaries (the North Sea, the English Channel, the Atlantic Ocean, the Pyrénées, the Mediterranean, the Alps and the Rhine) with the artificial boundaries (Belgium and Luxembourg), a hexagon is formed.

Impressionnisme   Impressionist period in art. The leading impressionist painters were Monet and Manet. France is considered the home of impressionist art, which is distinguishable by the soft, often muted colors used as well as the feeling of intense personal interaction between the painter and his work of art.

Kilomètre   see **Système Métrique**

La Légion d'Honneur   A non-hereditary order begun in 1802, by Napoleon, as a reward for outstanding civilian and military service to France. Its ranks are **Chevalier**, **Officier**, **Commandeur**, **Grand Officier**, and **Grand Croix**, with the President of France the highest ranking officer. Membership in the **Legion of Honor** is the highest award the French Government can bestow.

Maison de Jeunes   There are *maisons de jeunes* in all cities of more than 5,000 inhabitants. All youths over 15 years of age are allowed to join. The annual dues are between 20 and 30 francs. Within the building there is usually a library, a film club as well as many other recreational rooms. Courses are offered, which range from guitar lessons to folk dancing, foreign languages, etc.

Mai 1968　　In May 1968 the students, first in Paris then throughout France, revolted. They complained of overcrowded classrooms, obsolete teaching methods, lack of equipment, etc. The riots which erupted during the revolt were bloody and involved, in one way or another, most of the French people. Labor unions joined the striking students, threatening the political stability of France. Many changes have come about as a direct result of these student demonstrations and revolts.

Marché Commun　　The *Marché Commun* (Common Market) is composed of six European countries: France, Belgium, Holland, Germany, Italy and Great Britain. The Common Market was created in order to form an economic unity within western Europe. There are no customs or importation taxes between Common Market countries. Preference is given to the produce of Common Market countries and jobs are given first to people from one of the six countries.

O.R.T.F.　　L'Office de la Radiodiffusion-Télévision Française, the major French television network. The *O.R.T.F.* was created in 1964 and until the presidency of Giscard d'Estaing, was government controlled. There are three channels in France, and programming goes from 11 A.M. to 11 P.M.

Onzième　　See Système Universitaire

P.T.T.　　Postes, Télégraphes et Téléphone. This government-owned monopoly controls the communication network of France. The *P.T.T.* is governed by an *ministre des P.T.T.* The title of the *P.T.T.* has recently been changed to the *P.T. (Poste et Télécommunications)* but most people still refer to it as the *P.T.T.*

République　　France is *une république* (republic). At the present time, the regime is called the fifth republic. Each time a new constitution was adopted, or an old one revised, a new republic was declared. The first republic was created after the French revolution, the second in 1793, the third after the Franco-Prussian War in 1870, the fourth in 1940 under Maréchal Pétain. President De Gaulle formed the fifth republic in 1945.

S.N.C.F.　　Société Nationale des Chemins de Fer, the nationalized railroad system. The S.N.C.F. controls the train service in France. The French train system is known for its punctuality and cleanliness. The trains are becoming more modern, and recently the *T.E.E.* (Trans-Europe-Express) trains have been put into service. Unlike most trains which have two classes (*première* et *deuxième classe*), the *T.E.E.s* have only *la première classe*. The *T.E.E.s* are equipped with ultra-modern facilities and many have hairdressers, shops and discothèques aboard.

Système métrique   The *système métrique* is basically a decimal system: 1000 meters equal 1 kilometer, 100 ares equal 1 hectare, 1000 grams equal 1 kilogram, etc. Land is measured in *ares* (1 *are* = 2.471 acres); liquids are measured in liters (1 liter = 1.056 quart); solids are measured in grams and kilograms (1 gram = 0.0352 ounce, 1 kilogram = 2.2046 pounds); distance is measured in meters and kilometers (1 meter = 39.37 inches, 1 kilometer = 0.6213 miles); and heat is measured in centigrade degrees (0° Celsius = 32° Fahrenheit).

Système universitaire   The French school system is very different from its American counterpart. It starts with *onzième* and goes to *première*, then to *les classes terminales*. At the end of *la classe terminale* the national exam, *le baccalauréat*, is given. There are a variety of *classes terminales* offered; the one which one chooses depends on the area of specialization (mathematics, philosophy, sciences, etc.). After *la classe terminale* one enters the university system, which is composed of various *facultés* (*faculté de droit, faculté de médecine, faculté de lettres*, etc.) The number of years ·one studies at the *faculté* depends on the area of study: *médecine* takes seven years; *lettres* can take from two years on, depending on the degree sought.

Tour de France   French bicycle marathon which goes through most regions of France. Every year the itinerary is different. The *Tour de France,* which takes place in July, is a very popular event and many French people follow the races on their radios or televisions. A winner is declared for each leg, and the winner of the previous day, or the winner with the best accumulated time, wears a yellow jersey (*le maillot jaune*). Cyclists from all over Europe compete in this event.

Vocabulary

This vocabulary aims to be complete for the selections in this text. Included are geographical and proper names not explained in glosses, as well as vocabulary from the introductions, questions and exercises. Obvious cognates, numbers, dats of the week, months have been omitted.

Abbreviations

adj.	adjective	*fam.*	familiar
adv.	adverb	*m.*	masculine
exclam.	exclamation	*pl.*	plural
f.	feminine		

A

a has; **il y a** there is, there are

à at, in, until

abandonner to abandon

d'abord first of all

aboutir to end

l' **abricot** *m.* apricot

abrité becalmed

l' **absurdité** *f.* absurdity

accélérer to increase

accepter to accept, to agree

accompagner to accompany

l' **accord** *m.* agreement

d' **accord** agreed, O.K.

acheter to buy

achever to complete

acquérir to acquire

actuel, actuelle current

actuellement currently

adapter to adapt

admirer to admire

s' **adresser (à)** to talk (to)

l' **affaire** *f.* matter; **les —s** business

affreux, affreuse dreadful, terrible

l' **agence** *f.* agency; **—de voyages** travel agency

agir: il s'agit de it's a matter of

agricole agricultural

l' **agriculteur** *m.* farmer

l' **aile** *f.* wing

ailleurs elsewhere

aimer to like, to love; **— mieux** to prefer

ainsi thus, that is how; **— que** as well as

l' **Algérie** *f.* Algeria

alimentaire food-related

l' **alimentation** *f.* food, nourishment

aller to go

l' **allocation** *f.* allotment

allumer to light

l' **allumette** *f.* match

alors so, then; **— que** when, while

améliorer to better

amener to bring

amèrement bitterly

l' **ami** *m.* friend

amplifier to expand, to amplify

s' **amuser** to have fun

l' **an** *m.* year

l' **ananas** *m.* pineapple

ancien, ancienne former, ancient, old-fashioned

anglais   English
l' année *f.*   year
l' annonce *f.*   announcement
   annoncer   to tell, to announce
   anonyme   anonymous
l' anse *f.*   handle
s' apaiser   to calm down
   apercevoir   to notice
   apparaître   to appear
l' apparence *f.*   appearance
l' appartement *m.*   apartment
   appartenir (à)   to belong to
   appeler   to call; s' —   to be
      named, called
   appétissant   appetizing
l' appétit *m.*   appetite
s' appliquer   to apply to
   apporter   to bring
   apprendre   to learn, to teach
s' approcher   to draw near
   après   after
d' après-demain   the day after
      tomorrow
l' après-midi *m.*   afternoon
l' arbre *m.*   tree
l' argent *m.*   money
   arracher   to tear away, to tear
      apart
s' arrêter   to stop
l' arrivant *m.*   person arriving
l' arrivée *f.*   finish line
   arriver   to arrive
s' asseoir   to sit down
   assez   enough, rather, sufficiently
   assis   seated
   assurer   to insure
l' atelier *m.*   studio, workshop
   attaquer   to attack
s' attarder   to linger
   attendre   to wait, to wait for,
      to expect
   attribuer   to grant
   au   at the
   aucun, aucune   no, any
   au-dessus   above
   augmenter   to increase
   aujourd'hui   today
   ausculter   to listen to (the
      chest)
   aussi   also

   aussitôt   as soon as
   autant   as much, the same;
      — que   as much as
l' auteur *m.*   author
   automatisé   automatic
   autour   around
   autre   other
   autrefois   formerly, otherwise
l' avance *f.* : à l' —   in advance
s' avancer   to move ahead
   avant   before, beforehand
l' avantage *m.*   advantage
   avantageux, avantageuse
      advantageous
l' avarice *f.*   stinginess
   avec   with
l' avenir *m.*   future
s' aventurer   to venture
l' aveu *m.*   admission; faire-   to
      admit
l' avion *m.*   airplane
l' avis *m.*   opinion
   avoir   to have; — raison   to be
      right; — peur   to be afraid;
      — besoin   to need;
      — l'intention de   to intend to
   avouer   to admit

B

   baisser   to drop, to lower; — le
      regard   to lower one's eyes
le bal   dancing ball
la banque   bank
   bas, en —   below
la basse-cour   barnyard
le bateau   boat
le bâtiment   building
   bâtir   to build
   battre   to beat
   beau, bel, belle   beautiful,
      handsome, fine
   beaucoup   many, a lot
la beauté   beauty
le bec   beak
   belge   Belgian
la Belgique   Belgium
le bénéfice   benefit, profit
   bénéficier   to benefit
le berceau   cradle

le **besoin**   need; **avoir —   de** to
  need
le **beurre**   butter
le **bibelot**   knick-knack
la **bicyclette**   bicycle
  bien *adv.*   well, good; **— sûr**
  of course, surely
le **bien**   good, well-being, welfare
le **bien-être**   well-being
  bientôt   soon
le **billet**   ticket
le **biscuit**   plain cookie
  blanc, blanche   white
le **blé**   wheat
le **boeuf**   ox
le **bois**   wood
  bon, bonne *adj.*   good
  bondé   filled, booked
  bonjour   hello, good morning
le **bord**   edge; **au — de la mer**
  seashore
la **bourse**   scholarship
le **boursier**   scholarship student
le **bout**   end; **au — de**   at the end
  of; **un long — de temps**   a
  long time
le **bras**   arm
  bref, brève   brief, in brief
  breton, bretonne   of, from
  Brittany
  broyer   to grind
le **bruit**   noise
  brusquement   abruptly,
  suddenly, roughly
  bruyamment   noisily

C

  ça   that, it
la **cadence**   rhythm
le **café**   coffee
  calculer   to figure, calculate
le **camion**   truck
la **campagne**   countryside
le **canal, canaux** *pl.*   canal
la **canne à sucre**   sugar-cane
  Cannes   resort on the
  Mediterranean
le **canotier**   strawhat

la **cantatrice**   singer; **La — chauve**
  The Bald Soprano
le **canton**   canton (administrative subdivision)
la **cantonade: à la cantonade**
  speaking to someone offstage
  car   for, because
la **carrière**   career
la **carte d'identité**   identity (I.D.)
  card
le **cas**   case; **en tous —**   in any
  case
la **case**   primitive African
  dwelling
  ce, cet, cette   this, that
  cela   this; **— va de soi**   that's
  understood
  célèbre   famous
  celle   this, that; **— -ci**   this one
  celui   that; **— -ci**   the latter
  cependant   however
  certain *adj.*   some *n.* some
  (people)
le **certificat**   diploma, certificate
  cesser   to stop
  ces   these, those
  c'est à dire   that is, that's
  to say
  chacun *adj.*   each; *pron.*   each
  one
la **chaise**   chair
la **chaleur**   heat
  chaleureusement   warmly,
  affectionately
  chaleureux, chaleureuse   warm,
  affectionate
la **chambre**   room
le **champ**   field
la **chance**   opportunity
le **changement**   change
  changer   to change
  chanter   to sing
le **chapitre**   chapter
  chaque   each, every
le **charbon**   coal
le **château**   castle
le **chauffeur**   driver
  chauve   bald
le **chef**   head, chief

le **chemin** road; – **de fer** railroad

cher, chère expensive, costly, dear

chercher to seek, to look for

le **chéri** darling

le **cheval, chevaux** *pl.* horse

le **chèvre** goat

chez at, in; – **nous** in our country

le **chiffre** figure

chimique chemical

le **choix** choice

choquer to shock

la **chose** thing

la **cimetière** cemetary

la **circonstance** circumstance

le **ciseleur** engraver

citer to quote, to cite

civil civilian

classique classical

le **clerc** monk, cleric

le **clergé** clergy

le **client** customer, patient

le **cochon** pig

le **cocorico** cockadoodledoo

le **coeur** heart

la **colère** anger

le **colis** package

le **collège: – technique** technical school

le **collègue** colleague

la **colline** hill

la **colonne** column

combien how many

comme as, like

commencer to begin

comment how

commun mutual, common

la **commune** commune (smallest administrative division in France)

comparer to compare; **se comparer** to compare (to)

compétitif, compétitive competitive

complet, complète total

complètement completely

compléter to complete

compliqué complicated

comprendre to understand

le **compte** count; **se rendre – de** to realize, recognize

compter to matter, to count

Conakry capital of Guinea

concentrer to concentrate

la **condition** condition; **à – que** on the condition that

conduire to lead (to), to drive

la **conférence** lecture

confirmer to confirm

le **conflit** conflict

le **congé** paid vacation

connaître to be acquainted with, to know

le **conseil** advice

conseiller to counsel

le **consentement** consent

consentir to consent

conserver to retain

considérer to consider

consoler to console

constamment constantly

constipé constipated

la **construction** building

construire to build

le **consultant** patient

consulter to consult, to ask

le **conte** tale, short story

contemporain contemporary

content happy

continuer to continue

contourner to go around

contraire: au – on the contrary

contre against; **par –** on the other hand

la **contrebande** smuggling

contribuer to contribute

contrôler to control, to supervise; **contrôlé** controlled

convenir to agree; **c'est convenu** that's agreed upon

convertir to convert

le **coq** rooster

coranique referring to the Koran, the sacred text of Islam

le **corps** body

le **côté** side; **à – de** near; **du – de** near

la **Côte d'Ivoire**   Ivory Coast
  couché   in bed
se **coucher**   to go to bed
le **coucher du soleil**   sunset
la **couchette**   berth (in a sleeping
  car)
la **couleur**   color
le **coup**   stroke
la **coupe**   cross section
la **courbature**   stiffness
le **coureur**   racer
  courir   to run
la **course**   race
le **cours**   course; **au — de**   during
la **courtoisie**   courtesy
  coûter   to cost
  coûteux, coûteuse   expensive,
  costly
la **crainte**   fear
  créer   to create
le **créole**   Creole, a language spoken
  in Haiti made up of French,
  Spanish, Portugese, and native
  works.
le **cri**   shout
  crier   to shout, to yell, to cry
  out
la **crise**   crisis
le **critique**   critic
  critiquer   to criticize
  croire   to think, to believe
le **croquis**   sketch
  cueillir   to pick (fruit)
la **cuisine**   kitchen
  cultiver   to cultivate
  curieux, curieuse   curious
le **cycliste**   cyclist

D

la **dame**   woman, lady; **— si**   but of
  course
  dangereux, dangereuse   dangerous
  dans   in
  dater   to date
la **datte**   date (fruit)
le **début**   beginning; **au —**   in the
  beginning

  déboutonné   unbuttoned; manger
  à ventre-   to overstuff oneself,
  to overeat
le **déchirement**   wrench, tearing
  décider   to decide
  déclarer   to state
  découragé   discouraged
  découvrir   to discover
  de, d'   of, from
  défendre   to forbid
  définir   to define
  dehors   outside
  déjà   already
le **déjeuner**   breakfast, lunch
  delà, au —   beyond
le **délai: dans le plus bref —**   as
  soon as possible
le **délégué**   delegate
  demain   tomorrow
  demander   to ask; **se —**   to
  ask oneself, to wonder
la **démarche**   step, action
  demeurer   to live, to remain
  demi   half
  démontrer   to demonstrate
le **départ**   departure
se **dépêcher**   to hurry
  dépendre   to depend
  déplaire   to displease
  déporter   to deport
  depuis   since
la **dérision: en —**   mockingly
  derrier, derrière   last, latter
  des *pl.*   of the
  descendre   to go down, to come
  down, to get off, to stop(stay)
  at a hotel
la **descente**   descent
  désigner   to indicate, to point
  out
  désolé   saddened
le **destin**   fate, destiny
  détruit   destroyed
  devant   in front of, before,
  ahead
la **développement**   development
  devenir   to become
  devoir   should, to have to
le **diable**   devil; **diable!** *exclam.*
  good grief!

le **diapositive** (le **diapo**)   slide
le **dictionnaire**   dictionary
le **dieu**   god
   difficile   difficult
   difficilement   with difficulty
la **difficulté**   difficulty
   dîner   to have dinner
le **diplôme**   diploma
   dire   to say, tell; **à vrai —**   to tell
      the truth; **sans mot —**   without
      saying a word; **c'est à —**   that
      is, that's to say
le **directeur**   headmaster
   diriger   to direct, to move
      toward; **se —**   to go (to)
   disons   let's say
le **discours**   speech
   disputer   to dispute, to argue
   diversifier   to diversify
le **doigt**   finger
   domestique   household
le **domestique**   servant
le **dommage**   pity; **c'est —**   it's a
      pity
   donc   thus, then, therefore
   donner   to give; **-vers**   to lean
      towards
   dont   of which
   dormir   to sleep
le **dos**   back
   doubler   to double
   doucement   sweetly, softly,
      quietly
le **doute**   doubt; **sans —**   without a
      doubt, undoubtedly
se **douter**   to suspect
la **douzaine** `   dozen
   dramatique   dramatic
le **dramaturge**   playwright
   avoir droit   to be right
la **droite**   right
   du   of the
   dur   hard, harsh, difficult
   durant   during

E

l' **eau** *f.*   water; **— de Vichy**
   carbonated mineral water
l' **échelle** *f.*   ladder

l' **éclairage** *m.*   lighting
   éclatant   bursting
l' **école** *f.*   school
   écouter   to listen to, to hear
s' **écrier**   to cry out
   écrire   to write
l' **écrivain** *m.*   writer
l' **effet** *m.*   effect; **en-** indeed
   effrayer   to frighten
   égal, égaux *pl.*   equal
   également   also, equally
   égaler   to equal
l' **égalité** *f.*   equality
l' **église** *f.*   church
   élevé   high
   éliminer   to eliminate
   elle   she, it, her
s' **éloigner**   to go away
   élire   to elect
d' **emblée**   spontaneously,
      immediately
s' **émerveiller**   to marvel
l' **émission** *f.*   broadcast
   emmener   to bring
   empêcher   to prevent
l' **employé** *m.*   employee
   employer   to use
   emporter   to carry off, away
s' **empresser**   to hasten
l' **emprunt** *m.*   loan
   en   in, of it
l' **enclume** *f.*   anvil
   encombré   overcrowded
   encore   still, yet
   encourager   to encourage
l' **énergie** *f.*   energy
l' **enfance** *f.*   childhood
l' **enfant** *m.*   child
   enfin   finally, well
l' **engrenage** *m.*   gears of a
      machine
   enjamber   to climb over
   enlever   to remove, take away
l' **ennemi** *m.*   enemy
   énormément   tremendously
   enseigner   to teach
l' **enseignement** *m.*   education,
      teaching
   ensemble   together; **d'-**
      general (impression)

ensuite   then
entendre   to hear
entendu: bien-   of course
entier, entière   entire
entourer   to surround
entre   between
entrer   to enter
envers   toward
l' envie *f.*   desire; avoir – de   to long to, to want to; faire –   to be tempting
environ   about
les environs *m. pl.*   neighborhood
envisager   to foresee
s' envoler   to fly off
envoyer   to send
épais   thick
l' épaule *f.*   shoulder
l' époque *f.*   era
éprouver   to feel
l' équilibre *m.*   equilibrium
l' escalier *m.*   stairs
l' escargot *m.*   snail
l' esclave *m.*   slave
l' espace *m.*   space
s' espacer   to become less frequent
espagnol   Spanish
l' espèce *f.*   kind, type
espérer   to hope
l' esprit *m.*   mind, mentality, spirit
essayer   to try
s' essuyer   to wipe
l' est *m.*   east
estimer   to estimate ·
et   and
étant   being, present participle of être
l' étape *f.*   stage, leg of a race
l' état *m.*   state, condition
les Etats-Unis *m. pl.*   United States
ethnique   ethnic
étonnant   amazing, astonishing
étonner   to amaze, to startle
étrange   strange
étranger, étrangère   strange
l' étranger *m.*   foreigner, stranger
être   to be
étroitement   tightly
l' étude *f.*   study
l' étudiant *m.*   student

étudier   to study
l' événement *m.*   event
évidemment   obviously
évoquer   to evoke
s' excuser   to excuse
exercer   to exercise, to practice
exister   to exist
expédier   to send
expliquer   to explain
exploiter   to develop, to work (the land)
exporter   to export
l' exposant *m.*   exhibitor
l' exposition *f.*   fair, exhibit
exprimer   to express
l' extrait *m.*   excerpt

F

la fabrique   factory
la face: en – de   opposite, facing
la facette   facet
facile   easy
facilement   easily
faciliter   to facilitate, to make easy
la façon   manner, way
faible   weak
la faiblesse   weakness
la faim   hunger
faire   to do, to make; – la concurrence (à)   to compete (with); – faillite   to go bankrupt; – fortune   to make a fortune; – partie de   to be part of; – le point   to resume, to review the situation – du surf   to go surfing
la faisceau   bundle (of nerves)
le fait   fact
la falaise   cliff
falloir   to have to, must; il fallait   it was necessary; il faudra   you'll have to; il faut, it is necessary, one must
fameux, fameuse   famous
familial   family
la famille   family
fascinant   fascinating
la fatigue   tiredness

fatigué   tired
se fatiguer   to tire
faut: il —   it is necessary, one
    must
faux, fausse   false
favori, favorite   favorite
favoriser   to favor
félicitations   congratulations
la femme   wife, woman, lady
la fenêtre   window
    féodal   feudal
le fer   iron
la ferme   farm
    fermer   to close; son visage se
        ferma   her face froze
le fermier   farmer
la fesse   buttock
la feuille   leaf
la fiche   card
    fier, fière   proud
la figure   face
    figurer   to appear; se —   to
        imagine
le fils   son
la fin   end
    finalement   finally
    finir   to end
    fixer   to fix
    flamand   Flemish
    flatteur, flatteuse   flattering
la fleur   flower
    fleuri   full of flowers
le fleuve   river; roman-fleuve
        saga
la fois   time
le fonctionnaire   civil servant
    fonctionner   to function
    fonder   to found
la force   strength
    forcément   necessarily
la forêt   forest
la forgeron   blacksmith
la forme   shape, form
    former   to form; se former   to
        take form, shape, to form
    formidable   fantastic
    fort adv.   loudly, hard; adj.
        strong
    fou, folle   mad, crazy
la foule   crowd

le foyer   home
la fraîcheur   freshness
    frais, fraîche   fresh
les frais m. pl.   expenses
    français   French
    francophone   French-speaking
        person of French or other
        nationality
    frapper   to strike
le frère   brother
    froid   cold; il fait —   it's cold
        out
le froid   cold
le fromage   cheese
    froncer   to furrow, to knit
la frontière   border
    fuir   to flee

G

le gagnant   winner
    gagné par   won by
    gagner   to win, to earn
la gaieté   liveliness, cheerfulness
le gaillard   fellow
la galerie   gallery
le gamin   youngster, kid
la garde   guard
    garder   to keep
    gauche   left
    gêner   to bother
en général   generally
    généreux   generous
le genre   type, manner, way
le gens m. pl.   people
la glace   ice
    glisser   to slip
le golfe   gulf
    gonflé   bursting
    grâce à   thanks to
    grand   tall, big
    gras, grasse   fat
le gratte-ciel   skyscraper
    gratuit   free, without charge
    grec, grecque   Greek
    grimper   to climb
    grossier, grossière   coarse
    grossièrement   bluntly
se grouper   to group together
la guerre   war

la **gueule**   mouth, throat (of an animal)
guère: ne... −   hardly
guérir   to cure, to heal, to get well
la **Guinée**   Guinea

H

habile   clever, skillful
l' **habitant** *m.*   inhabitant
habiter   to live (in, on)
l' **habitude** *f.*   habit
haïtien, haïtienne   Haitian
haut   high
la **hauteur**   height
hélas   alas
l' **herbe** *f.*   grass
hésiter   to hesitate
l' **heure** *f.*   hour
heureusement   fortunately, happily
heureux, heureuse   happy
l' **hexagone** *m.*   hexagon
hier   yesterday
hiérarchisé   ranked
l' **histoire** *f.*   history, story, tale
historique   historical
historiquement   historically
l' **hiver** *m.*   winter
l' **homme** *m.*   man, husband
l' **humeur** *f.*   mood; **la bonne** − good mood
hurler   to yell

I

ici   here
ignorer   to be unaware of
il   he, it
l' **île** *f.*   island
illustrer   to illustrate
l' **image** *f.*   picture, image
l' **impératrice** *f.*   Empress
impartialement   fairly
importer   to matter; **n'importe où** anywhere; **n'importe quoi** anything
les **impôts**   taxes
imprudemment   unwisely

inachevé   incomplete, unfinished
inclure   to include
incomplet, incomplète   incomplete
incroyable   unbelievable
indigène   native
indiquer   to indicate
l' **industrie** *f.*   industry
inefficace   inefficient
influencé   influenced
inégal   unequal
l' **ingénieur** *m.*   engineer
ingrat   ungrateful
inquiet, inquiète   upset, disturbed, anxious, apprehensive
l' **inondation** *f.*   flood
l' **insensé** *m.*   fool
s' **installer**   to relocate
l' **instituteur** *m.*   schoolteacher
intensif, intensive   intensive
intensifier   to intensify
interdit   forbidden
l' **intérêt** *m.*   interest
intermédiaire   intermediary
interrompre   to interrupt
intérieur   inner, inside; **à l'** − inside
intituler   to entitle, to give a title to
intriguer   to interest, to intrigue
inutile   useless
inventer   to invent
inviter   to invite
l' **isolement** *f.*   isolation

J

jaloux, jalouse   jealous
jamais   never, ever
je, j'   I
le **jeu**   game
jeune   young; **-s gens**   young people
la **jeunesse**   youth
la **joie**   joy; **la** − **de vivre**   joy of living
joli   pretty

jouer   to play; – un tour (à)
   to play a joke (on) – un (de)
   mauvais tour   to trick
le jour   day; du – au lendemain
   overnight
le journalier   day-worker on a farm
la journée   day
   judiciaire   judicial
la jument   mare
   jusqu'à   as far as, up to
   juste   exact
   justement   precisely, exactly

K

le kilomètre   kilometer (.62 miles)

L

là   here; – -bas   over there
   laborieux, laborieuse   difficult
   lâcher   to drop, to let go
la laine   wool
   laisser   to leave, to let
le lait   milk
le lambeau   shred, scrap
se lamenter   to weep
la lampe-tempête   hurricane lamp
   lancer un cri   to shout
la langue   tongue, language
le lapin   rabbit
   large   wide, broad
   largement   widely
la larme   tear
   le, la, l'   the
la leçon   lesson
le légume   vegetable
le lendemain   the next day; le –
   matin   the next morning
   lentement   slowly
le lenteur   slowness
   les pl.   the, them
la lettre   letter
   lever   to raise, lift; se-   to rise,
   get up
   leur   their, to them
   levant   rising
la liberté   freedom
   libre   free
le libre-parcours   pass

la ligne   line
   liquider   to get rid of, to
   liquidate
   lire   to read
la liste d'attente   waiting list
la littérature   literature
la loi   law
   loin   far; -de   far from
   lointain   distant, far away
   long, longue   long
   longtemps   a long time
   louer   to rent
le loup   wolf
   lourd   heavy
la lourdeur   heaviness
la lubie   whim
la lueur   light
la lumière   light
la lune   moon
   lutter   to struggle, to fight

M

   madame   Mrs.
le magasin   store, shop
   magnifique   magnificent
   maintenant   now
   mais   but
la maison   house
le maître   master, schoolteacher
la maîtrise   mastery
le mal   illness; avoir-   to have
   pain
   malade   sick
la maladie   sickness
   malgré   in spite of
le malheur   misfortune, unhappi-
   ness; avoir du-   to be
   unfortunate
   malheureusement   un-
   fortunately
   malinké   Malinke, descended
   from the ancient Mali tribe of
   west Africe
la Manche   the English Channel
   manger   to eat
la mangue   mango
le manguier   mango tree
le marchand   storekeeper
le marché   market

marcher   to work, to go
le **mari**   husband
marquer   to mark
le **matin**   morning
maudire   to speak ill (of)
mauvais   bad
mécontent   unhappy
médical, médicaux *(pl.)*   medical
mécanique   mechanical
meilleur *adj.*   better; **le-**   best
le **membre**   member
même *adj.*   same, *adv.* even; **-si**
   even if; **de-**   as well
le **mendiant**   beggar
mener   to lead
mentionner   to mention
mentir   to lie
la **mer**   sea; **au bord de la-**   seashore
merci   thank you
la **mère**   mother
la **merveille**   wonder
merveilleux, merveilleuse
   marvelous
mesdames   Mrs. *pl.,* ladies
messieurs   gentlemen, sirs
le **mètre**   meter (39.37 inches)
le **métro**   subway
mettre   to put, to put on
   (clothes); **se- à**   to begin to
mieux *adv.*   better; **le-**   best;
   aimer-   to prefer
le **mil**   millet (a food grain)
le **milieu**   middle; **au- de**   in the
   middle of
mille   a thousand
le **millimètre**   millimeter, one
   thousandth of a meter
minimiser   to minimize
mixte   mixed
se **modeler**   to be based (on)
modifier   to modify
la **moelle**: **— épinière**   spinal cord
moi   me
moins   less, least; **au —**   at least,
   -de   less than
le **mois**   month
la **moitié**   half
mon   my
le **monde**   world; **tout le-**
   everyone

mondial   world
monsieur   mister, sir
la **montagne**   mountain
monter   to go up
montrer   to show
se **moquer (de)**   to make fun (of)
moquer, moqueuse   taunting
le **morceau**   piece
mort   dead; **il est-**   he died
la **mort**   death
le **mort**   dead person, corpse
le **mortier**   mortar
la **mosquée**   mosque
le **mot**   word; **sans-dire**   without
   saying a word
le **moulin**   mill
mourir   to die
la **moutarde**   mustard
le **mouvement**   movement
moyen, moyenne   middle,
   average; **Moyen Âge**   Middle
   Ages
multicolore   multi-colored
multipolaire   bipolar (referring
   to cells in the nervous system)
le **mur**   wall
mûr   ripe
le **museau**   snout
le **musée**   museum
musulman   Moslem
le **mystère**   mystery
mystérieux, mystérieuse
   mysterious

N

la **naissance**   birth
natal   native; **pays-**   country
   of one's birth
la **nature**   temperament, nature
naturel, naturelle   natural
naturellement   naturally
né   born
ne...pas   not
nécessaire   necessary
négliger   to neglect
la **neige**   snow
Nice   resort on the
   Mediterranean
la **noblesse**   nobility

noir black, dark; **il fait-** it's dark
le **nom** name
nombreux, nombreuse numerous
non, no, not
nos *pl.* our
notre our
nouveau, nouvel, nouvelle new; **à —** again; **de-** again
la **nouvelle** news, short story, tale
nu naked
le **nuage** cloud
la **nuit** night

O

l' **objet** *m.* object
obligé obliged
obliger to oblige
observer to observe
obtenir to obtain
occidental western
occupé busy
s' **occuper de** to take care of
l' **officier** *m.* officer
offrir to offer
l' **oiseau** *m.* bird
l' **ombre** *f.* shade
on one, people, we
l' **oncle** *m.* uncle
or but
l' **or** *m.* gold
l' **ordonnance** *f.* prescription
ordonner to prescribe
l' **organisme** *m.* body (political)
oser to dare
ou or; **ou...ou** either or
où where
oublier to forget
ouvert open
l' **ouest** *m.* west
l' **ouvrier** *m.* worker
ouvrir to open

P

le **pain** bread
la **paix** peace
le **palais** palace

palper to palpate (examine by feeling)
par by, through
le **paradis** Paradise
paraître to appear
le **parc** park
parce que because
pardon excuse me
la **paresse** laziness
le **parent** relative; parents (*pl.*) parents, relatives
paresseux, paresseuse lazy
parfait perfect
parler to talk, speak
parmi among, amongst
la **parole** word
la **part** share
le **partage** division, sharing
partager to share; **se-** to divide
participant participating
participer to participate
particulier, en- particularly
particulièrement especially, particularly
la **partie** part; **faire-de** to be part of
partir to leave, depart; **à — de** starting from
partout everywhere
parvenir to reach
pas not
le **pas** step
le **passant** passerby
le **passé** past
passer to pass, to pass by, to spend; **se-** to take place, happen; **se- de** to do without
le **patron** boss
pauvre poor, unfortunate
la **pauvreté** poverty
pavé paved
payer to pay
le **pays** country, native land, native region
le **paysage** countryside
le **paysagiste** painter of countryside
paysan, paysanne *adj.* farm
le **paysan** farmer

peindre to paint
la peine pain; faire de la- to hurt
le peintre painter
la peinture painting
le pèlerinage pilgrimage
pendant during
penser to think
la pente slope
percher to perch
percuter to percuss (examine by thumping)
le père father
la période period
permettre to allow, permit
le permis permit; − de conduire driver's license
le personnage character
personne anyone; ne... − no one
persuader to convince
la perte loss
petit small, little, young; − à − little by little
le pétrole petroleum, oil
peu adv. little; à − près about; sous − soon; -de few
la peur fear; avoir- to be afraid
peut-être perhaps
le pharmacien pharmacist
la photo picture
le photographe photographer
la phrase sentence
la pièce play
le pied foot; à − on foot
piler to grind
le pilon pestle
la place seat, place, square; cabine à deux − s cabin for two
placer to place, to put; se placer to place oneself, to seat oneself
la plage beach
plaindre to pity; se- (de) to complain (about)
plaire to please
le plaisir pleasure
plein full
pleurer to weep, to cry
la pluie rain

la plupart most
plus more, the more; de-dn- more and more; le- the most; ne... − no longer
plusieurs several
plutôt rather
la poche pocket
le poème poem
le poète poet
le poids weight
le poil fur
le point spot, point; le- de départ starting point
le poisson fish
poli polite
politique political
la pomme apple
pomper to pump
le pont bridge
Port-au-Prince capital of Haiti
le port harbor, port
porter to carry, to wear, to lift, to bear the brunt of; -sur to deal with
portugais Portuguese
poser to lay on, to place, to put; − use question to ask a question
posséder to have, to possess
la poste post office, job
le poulailler chicken coop
le poulet chicken
pour for, to
pourquoi why
poursuivre to chase, to pursue, to run after
pourtant nevertheless
pousser to emit, to grow
pouvoir can, to be able
précédent previous
préciser to specify
préférer to prefer
premier, première first
prendre to take
près (de) near, close, almost, nearly; à peu − about, almost
préscrire prescribe
présent: à − now
présenter to present
préserver to preserve

presque   almost
pressentir   to have a premonition
presser   to hold close, to press
   on
prêt   ready
prêter   to lend
prévenir   to advise, to inform,
   to warn
primaire   primary
primitif, primitive   primitive
principal, principaux (*pl.*)   main
le printemps   spring
priver   to deprive
le prix   price
probablement   probably
prochain   next
proche   nearby
le produit   product
profiter   to take advantage
profond   profound, deep
profondément   profoundly
le programme   program
le progrès   progress
le projecteur   projector
la promenade: la- en bateau   boat
   ride
promettre   to promise
la promotion   class (school)
prononcer   to deliver (a speech), to
   pronounce
propos: à – de   concerning
proposer   to suggest
propre   own, acceptable, fine;
   de ses – s oreilles   with his own
   ears
protéger   to protect
la provision   provision, supply
prudent   discreet
le publiciste   public relations
   counselor
puis   then
la puissance   power
purement   purely

Q

le quai   wharf
qualifier   to qualify
quand   when
quant à   as far as, as for

le quartier   city district
que   what, that, than
quel, quelle   what, which
quelque   some, a few
quelqu'un   someone
la queue   tail
qui   who, whom
quitter   to leave
quoi   what
quoique   even though
quotidien   daily

R

la racine   root
raconter   to tell, to recount
la raison   reason; avoir-   to be
   right
raisonnable   reasonable
ralentir   to slow down
ramasser   to gather
le rang   rank
rapidement   quickly
rappeler   to recall, to remind;
   se-   to remember
rapporter   to yield
rassurer   to reassure
rater   to miss
le ravin   ravine
ravir   to delight
réaliste   realistic
récemment   recently
recevoir   to receive
la recherche   pursuit, research
reconduire   to escort (to the
   door)
reconnaître   to recognize
le recueil   collection
redescendre   to go down again
redevable   indebted
rédiriger   to edit, to write out
refermer   to close again
réfléchir   to consider, relfect
regagner   to return to
le regard   look; baisser le-   to
   lower one's eyes
regarder   to look at
le régime   system, regimen, routine
régler   to solve
régulier, régulière   regular

régularisé   regulated
régulièrement   regularly
les reins *m. p..*   kidneys
rejoindre   to rejoin
se réjouir   to rejoice
relever   to pick out, to select
relier   to connect
religieux, religieusse   religious
remanier   to rework
remarquer   to notice, to note, to understand
rembourser   to reimburse
le remède   remedy
remédier   to remedy
remercier   to thank
remonter   to raise
remplir   to fill
le renard   fox
le renardeau   fox cubs
rendre   to render; se- facile   to ease; se- compte de   to realize, to recognize
le renom   fame
renoncer   to abandon, give up
renouveler   to renew
le renseignement   information
renseigner   to inform
rentrer   to return
renverse: à la renverse   backwards
renverser   to spill, to lean back
réparer   to repair
le repas   meal
repasser   to review
repeupler   to repopulate
répondre   to answer
repousser   to push away, to reject
reprendre   to begin again, to regain
représenter   to depict; se-   to imagine
la reprise   resumption
le réseau   network
réserver   to reserve
résider   to live, to reside
se résigner   to resign oneself
respecter   to respect
respirer   to breathe
responsable   responsible
ressentir   to feel
reste, du-   anyway

le reste   remains
rester   to stay, to remain
rétablir   to reestablish, to restore
retard, en-   late
retenir   to hold back
retirer   to withdraw
le retour   return
retourner   to return, to turn around, to turn (go) back
retracer   to retrace
retrouver   to recognize, to find again
réussir   to succeed
revenir   to return, to come back; -cher   to be costly
le revenu   income
rêver   to dream
reviser   to revise
revoir   to see again; au- goodbye
la richesse   wealth, richness
le rideau   curtain
rien   nothing
la rigueur: à la-   if absolutely necessary
rire   to laugh
le rocher   rock
le roi   king
le rôle   role, part
romaine   Roman
roman   romanesque
le roman   novel; roman-fleuve saga
romantique   romantic
rompre   to break, to break with
la roue   wheel
rouge   red
rouler   to drive, to roll along (on wheels)
roumain   Rumanian
Roumanie   Rumania
la route   road, highway; les — d'accès   approach roads
roux, rousse russet,   reddish
la rue   street
rustique   rustic
la ruse   trick
rythmique   rhythmic

S

le **sable** sand
saint holy
saisir to seize, to take hold of, to grasp
la **saison** season; **la belle-** summer and early fall
le **salaire** salary
le **salarié** wage-earner, salaried employee
sale filthy
le **sanglot** sob
sangloter to sob
sans without; **sans-** without a doubt
satiriser to satirize
satisfaire to satify
sauf except for
sauvage wild
sauver to save, to rescue
savant learned, scholarly
savoir to know, to know how
schématiquement schematically
scolaire school
la **séance** session, meeting
secondaire secondary
les **secteurs** sectors
le **seigneur** lord; *exclam.* good heavens!
le **sein** bosom
selon according to
la **semaine** week
sembler to seem
le **sens** direction; **en- inverse** in the opposite direction
la **sensibilité** sensitivity
sentir to feel
se **séparer de** to break away from
le **serf** serf
la **série** series
serrer to hold tight
le **servant** servant domestique
la **servante** servant girl
servir to be used, to use
ses *pl.* his, her, its
seul alone
seulement only
si yes, of course, if, so
le **siècle** century

signaler to point out, notify, to display
simplement simply
le **site** sight
social, sociaux *(pl.)* social
la **société** society
soigner to take care of; **se-** to take care of oneself
le **soin** care; **prendre-** *(de)* .to take care (of)
le **soir** evening
le **soleil** sun; **en plein-** in bright sunlight
sombre dark
la **somme** sum, amount
son his, her
songer to draw
la **sorte** kind, sort, type
la **sortie** departure
le **sortilège** witchcraft
sortir to go out, to leave
soudain suddenly
soudainement suddenly
souffrir to suffer
le **sourcil** eyebrow
sous under
le **souvenir** recollection
se **souvenir** to remember, to recall
souvent often
spécialement especially
se **spécialiser** to specialize
le **spectateur** spectator
spontané spontaneous
la **spontanéité** spontaneity
spontanément spontaneously
le **stade** stadium
subir to be victim, to feel the influence
le **succès** success
le **successeur** successor
la **sucrerie** sugar-refinery
le **sud** south
le **sud-ouest** southwest
suffisamment sufficiently
suffire to suffice, to be enough
suffit, ça- that's enough
la **Suisse** Switzerland
suivant following

suivre   to follow
le **sujet**   subject
superstitieux, superstitieuse
   superstitious
sur   on, over, toward
sûr   sure, certain; **bien-**
   of course
sûrement   surely
surgir   to arise
surprenant   surprising
surprendre   to surprise
surpris   surprised
surtout   above all, especially,
   primarily
survivre   to survive

T

le **tabac**   tobacco
le **tableau**   board, painting, picture;
   le- **noir**   blackboard
la **tache**   splash
se **taire**   to be quiet, silent
tandis (que)   while
tant (de)   so much, so many;
   − mieux   so much the better
tard   late; **plus-**   later
le **taureau**   bull
technique   technical
le **technique**   technique
tel, telle   such; **-que**   such as
tellement   so (very), extremely
le **temps**   time, season, era, period;
   tout le-   all the time
tendrement   tenderly
tenez   look here!
tenir   to hold
terminer   to finish; **se-**   to come
   to an end
la **terre**   earth, ground, land
terrible   unmangeable, terrible
tes *pl.*   your
la **tête**   head
théâtral   theatrical
le **tien**   yours (familiar)
le **tiers**   third
le **tiraillement**   pulling
tirer   to take out, to pull, to
   stick out (tongue)
toi *fam.*   you

le **toit**   roof
tomber   to fall
ton *fam.*   your
toujours   always, still
le **tour**   turn; **à- de rôle**   in turn;
   jouer un-   to play a joke;
   jouer un mauvais-   to trick
le **tournant**   curve, turning point
tourner   to turn, to stir
la **tournure**   turn
tous   all
tousser   to cough
tout *adj.*   all, *adv.* very; **− le**
   monde   everyone; **− de même**
   all the same, nevertheless; **− de**
   suite   at once
tracer   to draw
le **train**   train; **être en − de manger**
   to be eating
traîner   to drag out
la **traite**   slave trade
le **traitement**   treatment
le **traître**   traitor
le **transport**   outburst of joy
transposer   to transpose
le **travail**   work
travailler   to work
travers: à-   through
traverser   to cross
trembler   to tremble
tremper   to dip
très   very
triomphant   triumphant
triste   sad
tristement   sadly
tromper   to trick, to deceive
trop   too much, too many
trouver   to find; **se-**   to be
   located, to find oneself
tu *fam.*   you
typique

U

un, une   a, an, one
uni   united
l' **université** *f.*   university
l' **usine** *f.*   factory
utile   useful; **fort-**   very
   useful

V

les **vacances** f. pl.　vacation
la **vache**　cow
la **vague**　wave
le **valet**　farm worker
la **vallée**　valley
　valoir　to be worth; — **mieux**
　　to be better
le **veau**　calf
le **vélo**　bicycle
　vendre　to sell
　venir　to come; **-de**　to have
　　just
la **vente**　sale
le **ventre**　stomach; **manger à —**
　　déboutonné　to overeat, to
　　overstuff oneself
　véritable　real, true
　véritablement　really
la **vérité**　truth
le **verre**　glass
le **vers**　verse, line; **en-**　in verse
　vers　toward
les **vêtements** m. pl.　clothing,
　　clothes
se **vexer**　to get angry
le **viaduc**　viaduc
la **viande**　meat
la **vie**　life
le **vieillard**　old man
la **vieillesse**　old age
　vieux, vieil, vieille　old
　vif, vive　brillant
la **ville**　city
le **vin**　wine
　violemment　violently
le **visage**　face; **son — se ferma**
　　her face froze
　vis-à-vis　toward
　visiter　to visit
　vite　quickly

la **vitesse**　speed
　vivre　to live
la **voie**　way
　voilà　here is, there is
le **voilier**　sailboat
　voir　to see
　voisin　neighboring
le **voisin**　neighbor
la **voiture**　car
la **voix**　voice
le **vol**　flight
le **volcan**　volcano
　voler　to steal
le **volet**　shutter
la **volonté**　will
le **vôtre**　yours
　vouloir　to wish, to want
le **voyage**　trip
　voyager　to travel
le **voyageur**　traveler
　voyant　seeing
　vrai　true; **à — dire**　to tell the
　　truth
　vraiment　truly, really
la **vue**　view

W

le **wagon**　car of a train; **wagon-lit**
　　sleeping car; **wagon-restaurant**
　　dining car

Y

　y　there; **il-a**　there is, there
　　are
les **yeux** m. pl.　eyes

Z

le **zombi**　zombie